# ÉDITORIAL

**FÉVRIER 2024**

W0354600

# Un jour de plus !

Comme il est bon pour nous, et avec nous, ce petit mois de février qui, cette année, nous offre un jour de plus ! Si certains attendent ce mois avec impatience car il est synonyme de vacances et d'évasions sur les sommets enneigés, d'autres ont repéré que ce petit mois est riche en évènements. Pour l'Église, il est le mois de la Journée mondiale des malades, le 11 février. Il nous appelle à entrer dans le temps du Carême qui nous met en marche vers Pâques avec les cendres que nous recevrons le 14. Février est aussi le mois de la Journée de la vie consacrée. Religieuses, religieux, moines, moniales, consacrés sont à la fête le 2 février. Une occasion pour tous de découvrir combien la radicalité avec laquelle ces hommes et ces femmes ont choisi de vivre l'Évangile interpelle l'Église tout entière. Février nous offre un jour de plus ! Qu'en ferons-nous ? Que mettrons-nous au cœur d'une journée de plus dans nos agendas ? Et si ce jour de plus était une invitation toute simple à nous recentrer sur l'essentiel, à poser des choix pour que le Christ et sa parole soient au cœur de nos journées et de notre vie ? ■

*« Et si ce jour de plus était une invitation toute simple à nous recentrer sur l'essentiel ? »*

## LA PAROLE ACCESSIBLE À TOUS

# « Prions en Église » en braille

**Grâce à vos dons, le Fonds de solidarité de *Prions en Église* permet aux personnes aveugles et malvoyantes de recevoir le mensuel en braille retranscris par l'association APIDV (Accompagner promouvoir et intégrer les déficients visuels).**

« Le *Prions en Église* en braille est très attendu de la part des catholiques aveugles et malvoyants », confie spontanément Marie-Christine Mouttet, secrétaire générale adjointe de l'association APIDV. Les témoignages reçus montrent à quel point cette revue retranscrite permet aux lecteurs en quête d'inclusion de rejoindre une communauté de prière et de participer à cette communauté. Pour *Prions en Église,* il est essentiel de permettre à tous d'avoir accès à la parole de Dieu et de pouvoir suivre la liturgie. « J'aime lire *Prions en Église* le matin pour offrir ma journée au Seigneur. La revue est pour moi un compagnon quotidien. Les commentaires et les textes du dimanche m'accompagnent avant d'aller à la messe », témoigne Jeannine Rizzo, Marseillaise aveugle de 89 ans. D'autres abonnés malvoyants et aveugles sont prêtres, religieux et religieuses et cette transcription en braille est indispensable dans leur

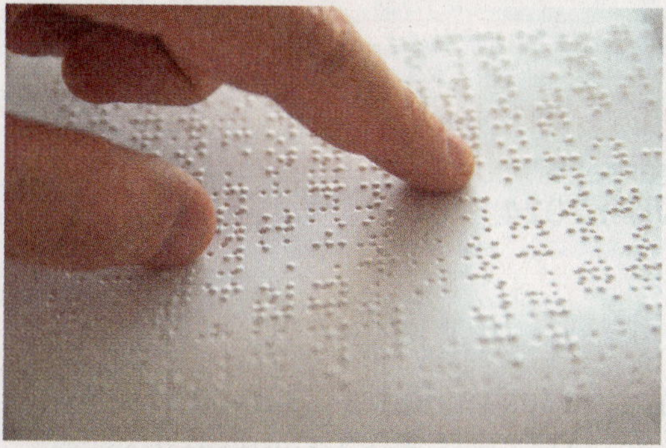

© Adobe Stock

mission de célébration de la Parole, d'annonce de l'Évangile et de soutien dans la prière. Chaque mois, les personnes aveugles et malvoyantes abonnées reçoivent ainsi un joli paquet de trois ou quatre volumes, de plus de 500 pages, pesant près de 3 kg ! Il faut environ un mois de travail pour transcrire un numéro de *Prions en Église* en braille. « Le travail de transcription est minutieux, chronophage et il coûte de plus en plus cher, le prix du papier ayant augmenté de 40 %. Mais nous avons conscience de l'importance de notre mission, souligne Marie-Christine Mouttet, car cette revue ne ressemble à aucune autre : il y a un tel attachement et une telle attente de la part des abonnés ! » ■

**Faustine Fayette**

## LE FONDS DE SOLIDARITÉ

Le Fonds de solidarité de *Prions en Église* aide à financer la transcription en braille assurée par l'APIDV. Si vous voulez soutenir ce projet, vous pouvez adresser **vos dons par chèque à l'ordre de Bayard à :** *Prions en Église* – Fonds de solidarité – Bayard – TSA 60007 – 59714 Lille Cedex 9 ou sur https://librairie-bayard.com/je-fais-un-don-pour-prions.html

## Prier avec le Saint-Père

### Intention universelle du mois de février 2024

Prions pour que les malades
en phase terminale, ainsi que leurs familles,
bénéficient toujours d'un accompagnement
médical et humain de qualité.

Pour vous aider à prier :
**www.prieraucoeurdumonde.net**

# SAINTS ET SAINTES DU MOIS DE FÉVRIER 2024

**Xavier Lecœur**, journaliste et historien

*Chaque jour, l'Église fête plusieurs saints et bienheureux : ceux du calendrier romain, ceux des calendriers diocésains et ceux du calendrier des Églises orientales. Tous les mois,* Prions en Église *vous propose d'en découvrir quelques-uns.*

**1er février**
**Ste Brigitte de Kildare**
(450-525)
Fondatrice du premier monastère féminin d'Irlande, près de Dublin. Sainte patronne de son pays.

**2 février**
**St Nicolas de Longobardi**
(1650-1709)
Religieux minime calabrais qui rayonna par son humilité, sa piété et l'acuité de ses conseils spirituels. Canonisé en 2014 par le pape François.

**3 février**
**Ste Marie Rivier**
(1768-1838)
Ardéchoise, canonisée en 2022, qui fonda les Sœurs de la Présentation de Marie. « Toute ma confiance a toujours été dans la prière », confiait-elle.

**4 février**
**St Jean de Britto**
(1647-1693)
Envoyé dans le sud de l'Inde, ce jésuite portugais convertit et baptisa de très nombreux habitants, puis connut le martyre. Il fut l'un des saints patrons des JMJ de Lisbonne.

**5 février**
**Ste Agathe**
(IIIe siècle)
Restée fidèle au Christ en respectant son vœu de virginité, elle fut torturée à mort sous le règne de l'empereur Dèce. Ses reliques sont gardées à Catane (Sicile).

**6 février**
**St Gaston**
(vers 453-540)
Aussi appelé « Vaast ». Il prépara Clovis au baptême, puis fut nommé évêque d'Arras (Pas-de-Calais).

**7 février**
**Bx Alfred Cremonesi**
(1902-1953)
Prêtre de l'Institut pontifical pour les missions étrangères. En Birmanie, où il œuvrait à l'évangélisation

du peuple karen, il fut assassiné durant la guerre civile. Béatifié en 2019.

**8 février**

**Ste Joséphine Bakhita**

(1869-1947)

Esclave soudanaise née au Darfour, devenue religieuse en Italie, canonisée en 2000. « Voyez comme est grande la grâce de connaître Dieu », s'émerveillait-elle.

**9 février**

**Bse Anne-Catherine Emmerich**

(1774-1824)

Religieuse augustine et mystique allemande. Elle avait été favorisée de visions extraordinaires concernant, notamment, la Passion du Christ et la vie de la Vierge Marie. Il y a 200 ans, le 9 février, elle rendait son âme à Dieu.

**10 février**

**St José Luis Sánchez del Río**

(1913-1928)

Adolescent mexicain qui, lors de persécutions anticatholiques, fut tué à l'âge de 14 ans pour avoir refusé de renier sa foi. Le pape François le canonisa en 2016.

**11 février**

**St Grégoire II**

(669-731)

Pape élu en 715 qui lutta contre l'hérésie des iconoclastes. Il confia au futur saint Boniface la mission d'évangéliser l'Allemagne.

**12 février**

**St Benoît d'Aniane**

(vers 750-821)

D'abord échanson à la cour de Pépin le Bref et de Charlemagne, il renonça au monde, devint moine puis fonda et réforma de nombreux monastères bénédictins.

**13 février**

**Bse Béatrice**

(vers 1260-1303)

Née à Ornacieux (Isère), elle fonda à Eymeux (Drôme) un monastère où, par amour de la Croix, elle vécut dans un très grand dénuement. Béatifiée en 1869.

**14 février**

**Sts Cyrille et Méthode**

(IXe siècle)

Frères nés à Thessalonique (Grèce), qui annoncèrent l'Évangile aux peuples slaves dans leur propre langue, le slavon. Copatrons de l'Europe, avec saint Benoît de Nursie.

**15 février**
**Ste Georgie (ou Georgette)**
(Ve siècle)
Auvergnate qui, selon saint Grégoire de Tours, se voua au Seigneur et vécut en recluse, dans la prière, près de Clermont-Ferrand (Puy-de-Dôme).

**16 février**
**Bx Joseph Allamano**
(1851-1926)
Ancien élève de saint Jean Bosco béatifié en 1990. Il fut, durant près de 50 ans, le recteur du sanctuaire de Notre-Dame de la Consolata (Italie) et fonda deux instituts missionnaires.

**17 février**
**Bse Edvige Carboni**
(1880-1952)
Laïque née en Sardaigne qui connut de nombreuses expériences mystiques et fut notamment marquée des stigmates. Elle fut aussi une grande amie des personnes démunies, pour lesquelles elle montra un grand dévouement. Béatifiée en 2019.

**18 février**
**Ste Bernadette Soubirous**
(1844-1879)
« Sainte Marie, Mère de Dieu, priez pour moi, pauvre pécheresse, pauvre pécheresse. » Tels furent les derniers mots de celle à qui la Vierge était apparue, vingt et un ans plus tôt, à la grotte de Massabielle (Lourdes).

**19 février**
**Bx John Sullivan**
*(lire page 144)*

**20 février**
**Ste Aimée**
(vers 1200-1252)
Nièce de sainte Claire d'Assise, la fondatrice des Clarisses. Aimée renonça à toute vie mondaine et se consacra jusqu'à sa mort à la prière et à l'ascèse.

**21 février**
**St Gombert**
(VIIe siècle)
Ou « Gondelbert ». Archevêque de Sens (Yonne), à qui la Tradition attribue la fondation de l'abbaye bénédictine de Senones (Vosges).

**22 février**
**Bse Isabelle de France**
(1225-1270)
Sœur de Saint Louis. Elle refusa d'épouser le fils de l'empereur Frédéric II. Elle établit un monastère de clarisses à Longchamp (près de Paris) et mena une vie d'austérité et de pénitence.

**23 février**
**Ste Joséphine Vannini**
(1859-1911)
« Le seul but de notre vie est de plaire et de rendre gloire à Dieu », affirmait la cofondatrice des Filles de Saint-Camille, pendant féminin de l'ordre hospitalier des Camilliens. Canonisée en 2019.

**24 février**
**St Ethelbert**
(VIIe siècle)
Converti et baptisé par saint Augustin de Cantorbéry, il fut le premier roi chrétien du Kent et joua un rôle important dans la diffusion du christianisme en Angleterre.

**25 février**
**Bx Dominique Lentini**
(1770-1828)
Prêtre originaire de Turin (Italie), il se fit prédicateur itinérant et consacra une grande partie de son activité apostolique au ministère de la confession. C'est pourquoi on l'appelle le « précurseur du Curé d'Ars ».

**26 février**
**Ste Irène**
(Ve siècle)
Jeune habitante de Gaza, convertie au Christ par l'évêque saint Porphyre, également fêté aujourd'hui.

**27 février**
**Bse Marie Deluil-Martiny**
(1841-1884)
Née à Marseille, elle fonda la Congrégation des Filles du Cœur de Jésus, vouées à l'adoration perpétuelle de l'eucharistie. Elle mourut assassinée par un jardinier habité par la haine de la religion. Béatifiée en 1989.

**28 février**
**Bx Daniel Brottier**
(1876-1936)
Il y a quarante ans, en 1984, le pape saint Jean-Paul II béatifiait ce prêtre spiritain qui fut missionnaire au Sénégal, aumônier militaire, avant de s'atteler vigoureusement au redressement de l'œuvre des Orphelins Apprentis d'Auteuil.

**29 février**
**St Auguste Chapdelaine**
(1814-1856)
Originaire du diocèse de Coutances (Manche), il entra dans la Société des missions étrangères de Paris et partit pour la Chine, où il mourut martyr. Canonisé en 2000.

# Prions avec les textes de la messe

## DU 1ER AU 29 FÉVRIER 2024

# *Partagez vos intentions de prière*

Envoyez vos intentions de prière à :
*Prions en Église,* Intentions de prière, 18 rue Barbès, 92128 Montrouge Cedex.
**Elles seront portées par les pèlerins qui partiront à Assise (Italie), du 13 au 18 avril 2024.**

# JEUDI 1ER FÉVRIER 2024

4E SEMAINE DU TEMPS ORDINAIRE COULEUR LITURGIQUE : VERT

**Temps ordinaire,** *suggestion d'oraisons et d'antiennes n° 16*

## *Antienne d'ouverture*

**Voici que Dieu vient à mon aide,**
**le Seigneur est le soutien de mon âme.**
**De grand cœur, je t'offrirai le sacrifice,**
**je confesserai ton nom, car il est bon !**
(cf. Ps 53, 6.8)

## *Prière*

Sois favorable à tes fidèles, Seigneur, et, dans ta bonté, multiplie pour eux les dons de ta grâce, afin que, brûlant de charité, de foi et d'espérance, ils soient toujours vigilants pour garder tes commandements. Par Jésus… ***— Amen.***

## *Lecture*

du premier livre des Rois (2, 1-4.10-12)

*« Je m'en vais par le chemin de tout le monde.*
*Sois fort, Salomon, sois un homme courageux ! »*

Comme les jours de David approchaient de leur fin, il exprima ses volontés à son fils Salomon : « Je m'en vais par le chemin de tout le monde. **Sois fort, sois un homme courageux ! Tu garderas* les observances du Seigneur ton Dieu, en marchant dans ses chemins. Tu observeras ses** décrets, ses commandements, ses ordonnances et ses édits, selon ce qui est écrit dans la loi de Moïse. Ainsi tu réussiras dans tout ce que tu feras et entreprendras, et le Seigneur réalisera cette parole qu'il m'a dite : “Si tes fils veillent à suivre leur chemin en marchant devant moi avec loyauté, de tout leur cœur et de toute leur âme, jamais tes descendants ne seront écartés du trône d'Israël.” » David mourut, il reposa avec ses pères, et il fut enseveli dans la Cité de David. Le règne de David sur Israël avait duré quarante ans : il avait régné sept ans à Hébron, et trente-trois ans à Jérusalem. Salomon prit possession du trône de David son père, et sa royauté fut solidement établie.

– Parole du Seigneur.

## *Cantique* 1 Chroniques 29, 10, 11abc, 11de-12a, 12bcd

℟ ***Seigneur, c'est toi, le Maître de tout.***

Béni sois-tu, Seigneur,
Dieu de notre père Israël,
depuis les siècles
et pour les siècles ! ℟

À toi, Seigneur, force et grandeur,
éclat, victoire, majesté,
tout, dans les cieux et sur la terre ! ℟

À toi, Seigneur, le règne,
la primauté sur l'univers :
la richesse et la gloire
viennent de ta face ! ℟

C'est toi, le Maître de tout :
dans ta main, force et puissance ;
tout, par ta main, grandit et s'affermit. ℟

*Acclamation de l'Évangile*

***Alléluia. Alléluia.*** Le règne de Dieu est tout proche. Convertissez-vous et croyez à l'Évangile. ***Alléluia.***

## *Évangile de Jésus Christ*

selon saint Marc (6, 7-13)

*« Il commença à les envoyer en mission »*

**En ce temps-là, Jésus appela les Douze ; alors il commença à les envoyer en mission deux par deux. Il leur donnait autorité sur les esprits impurs, et il leur prescrivit de ne rien prendre pour la route, mais seulement un bâton ; pas de pain, pas de sac, pas de pièces de monnaie dans leur ceinture. « Mettez des sandales, ne prenez pas de tunique de rechange. » Il leur disait encore : « Quand vous avez trouvé l'hospitalité dans une maison, restez-y jusqu'à votre départ. Si, dans une localité, on refuse de vous accueillir et de vous écouter, partez et secouez la poussière de vos pieds : ce sera pour eux un témoignage. » Ils partirent, et proclamèrent qu'il fallait se convertir. Ils expulsaient beaucoup de démons, faisaient des onctions d'huile à de nombreux malades, et les guérissaient.**

# JEUDI 1ER FÉVRIER 2024

### *Prière sur les offrandes*

Seigneur Dieu, dans le sacrifice unique et parfait de ton Fils, tu as porté à leur achèvement les multiples sacrifices de l'ancienne Loi ; reçois maintenant le sacrifice offert par tes fidèles serviteurs et sanctifie-le comme tu as béni les présents d'Abel : que les dons offerts par chacun pour honorer ta gloire servent au salut de tous. Par le Christ, notre Seigneur. **— *Amen.***

### *Antienne de la communion*

Le Seigneur est tendresse et pitié ;
de ses merveilles il a laissé
un mémorial. Il a donné des vivres
à ceux qui le craignent. (cf. Ps 110, 4-5)

*OU*

Voici que je me tiens à la porte, et
je frappe, dit le Seigneur. Si quelqu'un
entend ma voix et ouvre la porte,
j'entrerai chez lui ; je prendrai mon
repas avec lui, et lui avec moi. (Ap 3, 20)

### *Prière après la communion*

Dans ta bienveillance, reste auprès de ton peuple, nous t'en prions, Seigneur ; puisque tu l'as initié aux sacrements du ciel, fais-le passer de ce qui est ancien à la vie nouvelle. Par le Christ, notre Seigneur. **— *Amen.***

## INVITATION

Jésus envoie les Douze en mission deux par deux.
Sur qui puis-je m'appuyer quand j'ai du mal à témoigner de ma foi ?

## COMMENTAIRE

**Venir au monde** Marc 6, 7-13

**Jésus envoie ses disciples sur les routes, comme Marie était partie pour une Visitation. Ils sont envoyés deux par deux, sans rien emporter. Rien, sinon celui qui en eux a fait sa demeure, comme en Marie enceinte de son Dieu, pour le donner au monde. N'emportez qu'un bâton – la foi comme appui – et des sandales – l'élan pour annoncer l'Évangile de paix. Des disciples en sortie comme Dieu, pour venir au monde et y vivre l'hospitalité.** ■

*Colette Hamza, xavière*

## ❊ CLÉ DE LECTURE

**« Tu garderas »** 1 Rois 2, 3 *(p. 13)*

**Nous trichons facilement avec l'Écriture. L'admirable conseil de David à son fils Salomon fonde une pratique inouïe de la royauté, dont la Loi n'est pas celle du roi, mais celle de Dieu. Pourtant les quelques versets supprimés ici par la liturgie manifestent la duplicité de David. Les ennemis à qui il a promis de laisser la vie, il conseille à Salomon de s'en débarrasser sans les laisser vieillir ! Les auteurs savent articuler l'idéal d'un roi qui ferait respecter la justice et le droit, et la réalité trouble de l'exercice du pouvoir, fût-il celui du premier roi choisi par Dieu. Ils rappellent ainsi que Dieu s'est engagé envers une humanité toujours rongée par le mal, qu'il invite au jour le jour à travailler à davantage de justice et de vérité.** ■

*Roselyne Dupont-Roc, bibliste*

# VENDREDI 2 FÉVRIER 2024

COULEUR LITURGIQUE : BLANC

**Présentation du Seigneur au Temple**

## CÉLÉBRATION DE LA LUMIÈRE

*Tenant en main des cierges non allumés, le prêtre et les fidèles se rassemblent en un lieu déterminé en dehors ou à l'arrière de l'église. Tandis qu'on allume les cierges, on chante l'antienne suivante ou un autre chant qui convienne.*

### *Antienne*

**Voici le Seigneur Dieu qui vient avec puissance ;**
**il vient illuminer notre regard, alléluia.** (cf. Is 35, 4-5)

*Le prêtre invite ensuite les fidèles à la célébration, en ces termes ou d'autres semblables :*

Frères et sœurs bien-aimés, il y a quarante jours, nous avons célébré dans la joie la Nativité du Seigneur. Voici maintenant arrivé le jour où Jésus fut présenté au Temple par Marie et Joseph : il se conformait ainsi à la loi du Seigneur, mais, en vérité, il venait à la rencontre du peuple des croyants. En effet, le vieillard Syméon et la prophétesse Anne étaient venus au Temple, sous l'impulsion de l'Esprit Saint ; éclairés par ce même Esprit, ils reconnurent leur Seigneur et l'annoncèrent à tous avec enthousiasme. Il en va de même pour nous : rassemblés par l'Esprit Saint, avançons vers (dans) la maison de Dieu à la rencontre du Christ ; nous le trouverons, et nous le reconnaîtrons à la fraction du pain, en attendant sa venue dans la gloire.

*Après la monition, le prêtre bénit les cierges, en disant, les mains étendues, l'une des deux prières suivantes :*

Dieu, source et origine de toute lumière, en ce jour tu as montré à Syméon le Juste la Lumière qui se révèle aux nations ; nous te supplions humblement : bénis ✠ et sanctifie ces cierges ; accueille les prières de ton peuple, qui s'est rassemblé pour les porter à la louange de ton Nom : qu'en avançant au droit chemin, nous parvenions à la lumière qui ne s'éteint jamais. Par le Christ, notre Seigneur. **— *Amen.***

*OU*

Seigneur Dieu, lumière véritable, source et foyer de la lumière éternelle, répands toujours sa clarté dans le cœur des fidèles ; donne à ceux qui portent ces cierges, et qui en sont illuminés dans ton temple saint, de parvenir sans encombre à la splendeur de ta gloire. Par le Christ, notre Seigneur. **— *Amen.***

*Pendant la procession, tenant en main leurs cierges allumés, les fidèles chantent le cantique de Syméon (page suivante) ou un autre chant qui convienne.*

## *Cantique de Syméon* (Luc 2, 29-32)

℟ ***Lumière qui se révèle aux nations et donne gloire à ton peuple Israël.***

Maintenant, ô Maître souverain,
tu peux laisser ton serviteur s'en aller
en paix, selon ta parole. ℟

Car mes yeux ont vu le salut
que tu préparais à la face des peuples. ℟

Gloire au Père, et au Fils, et au Saint-Esprit,
au Dieu qui est, qui était et qui vient,
pour les siècles des siècles. Amen. ℟

## *CÉLÉBRATION EUCHARISTIQUE*

### *Antienne d'ouverture*

**Dieu, nous accueillons ta miséricorde au milieu de ton temple.**
**Ta louange, comme ton nom couvre l'étendue de la terre.**
**Ta main droite est pleine de justice.** (cf. Ps 47, 10-11)

### *Gloire à Dieu* *(p. 213)*

### *Prière*

Dieu éternel et tout-puissant, Dieu de majesté, nous t'adressons cette prière : puisque ton Fils unique, ayant pris notre chair, fut en ce jour présenté dans le Temple, fais que nous puissions, avec une âme purifiée, être présentés devant toi. Par Jésus… ***— Amen.***

*Lectures propres à la fête de la Présentation du Seigneur au Temple.*

## Lecture

du livre du prophète Malachie (3, 1-4)

*« Soudain viendra dans son Temple le Seigneur que vous cherchez »*

Ainsi parle le Seigneur Dieu : Voici que j'envoie mon messager pour qu'il prépare le chemin devant moi ; et soudain viendra dans son Temple le Seigneur que vous cherchez. Le messager de l'Alliance que vous désirez, le voici qui vient – dit le Seigneur de l'univers. Qui pourra soutenir le jour de sa venue ? Qui pourra rester debout lorsqu'il se montrera ? Car il est pareil au feu du fondeur, pareil à la lessive des blanchisseurs. Il s'installera pour fondre et purifier : il purifiera les fils de Lévi, il les affinera comme l'or et l'argent ; ainsi pourront-ils, aux yeux du Seigneur, présenter l'offrande en toute justice. Alors, l'offrande de Juda et de Jérusalem sera bien accueillie du Seigneur, comme il en fut aux jours anciens, dans les années d'autrefois.
– Parole du Seigneur.

*On peut aussi lire Hébreux 2, 14-18.*

## Psaume 23 (24)

℟ ***C'est le Seigneur, Dieu de l'univers ; c'est lui, le roi de gloire.***

Portes, levez vos frontons,
élevez-vous, portes éternelles :
qu'il entre, le roi de gloire ! ℟

Qui est ce roi de gloire ?
C'est le Seigneur, le fort, le vaillant,
le Seigneur, le vaillant des combats. ℟

Portes, levez vos frontons,
levez-les, portes éternelles :
qu'il entre, le roi de gloire ! ℟

Qui donc est ce roi de gloire ?
C'est le Seigneur, Dieu de l'univers ;
c'est lui, le roi de gloire. ℟

*Acclamation de l'Évangile*

***Alléluia. Alléluia.*** Lumière qui se révèle aux nations et donne gloire à ton peuple Israël. ***Alléluia.***

## *Évangile de Jésus Christ*

selon saint Luc (2, 22-40)

*Lecture brève : 2, 22-32*

*« Mes yeux ont vu ton salut »*

Quand fut accompli le temps prescrit par la loi de Moïse pour la purification, les parents de Jésus l'amenèrent à Jérusalem pour le présenter au Seigneur, selon ce qui est écrit dans la Loi : *Tout premier-né de sexe masculin sera consacré au Seigneur.* Ils venaient aussi offrir le sacrifice prescrit par la loi du Seigneur : *un couple de tourterelles ou deux petites colombes.* Or, il y avait à Jérusalem un homme appelé Syméon. C'était un homme juste et religieux, qui attendait la Consolation d'Israël, et l'Esprit Saint était sur lui. Il avait reçu de l'Esprit Saint l'annonce qu'il ne verrait pas la mort avant d'avoir vu le Christ, le Messie du Seigneur. Sous l'action de l'Esprit, Syméon vint au Temple. Au moment où les parents présentaient l'enfant Jésus pour se conformer au rite de la Loi qui le concernait, Syméon reçut l'enfant dans ses bras, et il bénit Dieu en disant : « Maintenant, ô Maître souverain, tu peux laisser ton serviteur s'en aller en paix, selon ta parole. Car mes yeux ont vu le salut que tu préparais à la face des peuples : lumière qui se révèle aux nations et donne gloire à ton peuple Israël. »

*Fin de la lecture brève*

Le père et la mère de l'enfant s'étonnaient de ce qui était dit de lui. Syméon les bénit, puis il dit à Marie sa mère : « Voici que cet enfant provoquera la chute et le relèvement de beaucoup en Israël. Il sera un signe de contradiction – et toi, ton âme* sera traversée d'un glaive – : ainsi seront dévoilées les pensées qui viennent du cœur d'un grand nombre. » Il y avait aussi une femme prophète, Anne, fille de Phanuel, de la tribu d'Aser. Elle était très avancée en âge ; après sept ans de mariage, demeurée veuve, elle était arrivée à l'âge de 84 ans. Elle ne s'éloignait pas du Temple, servant Dieu jour et nuit dans le jeûne et la prière. Survenant à cette heure même, elle proclamait les louanges de Dieu et parlait de l'enfant à tous ceux qui attendaient la délivrance de Jérusalem.

Lorsqu'ils eurent achevé tout ce que prescrivait la loi du Seigneur, ils retournèrent en Galilée, dans leur ville de Nazareth.

L'enfant, lui, grandissait et se fortifiait, rempli de sagesse, et la grâce de Dieu était sur lui.

## *Prière sur les offrandes*

Nous t'en prions, Seigneur, que les dons de l'Église en fête te soient agréables, toi qui as voulu que ton Fils unique, l'Agneau sans tache, te soit offert pour la vie du monde. Lui qui… ***— Amen.***

### *Prière eucharistique*

*(Préface de la Présentation du Seigneur)*

Vraiment, il est juste et bon, pour ta gloire et notre salut, de t'offrir notre action de grâce, toujours et en tout lieu, Seigneur, Père très saint, Dieu éternel et tout-puissant. Aujourd'hui, ton Fils éternel est présenté dans le Temple, et l'Esprit Saint le désigne comme la gloire d'Israël ton peuple et la lumière des nations. Joyeux, nous aussi, d'aller à la rencontre du Sauveur, nous te chantons avec les anges et tous les saints, et sans fin nous proclamons : ***Saint ! Saint ! Saint…***

### *Antienne de la communion*

Mes yeux ont vu le salut
que tu préparais à la face
des peuples. (Lc 2, 30-31)

### *Prière après la communion*

Par la nourriture sainte que nous avons reçue, accomplis en nous, Seigneur, l'œuvre de ta grâce, toi qui as comblé l'espérance de Syméon : il n'a pas vu la mort sans qu'il lui fût donné d'accueillir le Christ ; donne-nous aussi d'avancer à la rencontre du Seigneur et d'obtenir la vie éternelle. Par le Christ, notre Seigneur. — ***Amen.***

## INVITATION

En cette Journée mondiale de la vie consacrée, je peux remercier le Seigneur pour toutes celles et ceux qui lui donnent leur vie.

## COMMENTAIRE

**Porteurs de bonne nouvelle** Luc 2, 22-40

**Voici Jésus présenté au Temple et, autour de lui, Marie et Joseph, Syméon et Anne en attente du salut. Et la réponse de l'Esprit est cet enfant, qui passe de bras en bras comme se passe une bonne nouvelle de bouche à oreille, promesse de vie, lumière du monde. Comme Syméon portant l'enfant, soyons photophores, porteurs de lumière autour de nous, soyons « christophores », porteurs du Christ au monde.** ■

***Colette Hamza**, xavière*

## ❊ CLÉ DE LECTURE

**« Ton âme »** Luc 2, 35 *(p. 23)*

**En évoquant le glaive qui transperce l'âme de Marie, on pense aussitôt à la mort en Croix de son Fils, dans une humiliation et des souffrances atroces. Mais le mot grec ici ne désigne pas « l'âme » (opposée au corps) que les évangélistes ignorent, il vise la personne tout entière. Pour Luc, qui écrit cinquante ans plus tard, Marie est déchirée dans tout ce qu'elle est, car elle représente à la fois la tradition juive à laquelle elle appartient et la façon dont Jésus s'en est emparé pour offrir une nouvelle relation à Dieu. En cette fin du Ier siècle, la déchirure se fait jour entre groupes juifs et groupes chrétiens. Mais le glaive représente aussi la parole de Dieu qui met au jour les pensées et les cœurs, et contraint chacun à changer de vie.** ■

***Roselyne Dupont-Roc**, bibliste*

# SAMEDI 3 FÉVRIER 2024

**4E SEMAINE DU TEMPS ORDINAIRE COULEUR LITURGIQUE : VERT**

**Temps ordinaire,** *suggestion d'oraisons et d'antiennes n° 17*
*ou* **saint Anschaire,** *voir p. 31* **ou saint Blaise**
*ou* **bienheureuse Vierge Marie,** *voir p. 32*

## *Antienne d'ouverture*

**Dieu se tient dans sa sainte demeure ;**
**Dieu fait habiter les siens unanimes dans sa maison :**
**c'est lui qui donne à son peuple force et puissance.**
(cf. Ps 67, 6-7.36)

## *Prière*

Tu protèges, Seigneur Dieu, ceux qui espèrent en toi ; sans toi, rien n'est fort et rien n'est saint : multiplie pour nous les signes de ta miséricorde, afin que, sous ta conduite et sous ta direction, en faisant un bon usage des biens qui passent, nous puissions déjà nous attacher à ceux qui demeurent. Par Jésus… – ***Amen.***

## *Lecture*

du premier livre des Rois (3, 4-13)

*« Donne à ton serviteur un cœur attentif pour qu'il sache gouverner ton peuple »*

**En ces jours-là, le roi Salomon se rendit à Gabaon, qui était alors le lieu sacré le plus important, pour y offrir un sacrifice ; il immola sur l'autel un millier de bêtes en holocauste. À Gabaon, pendant la nuit, le Seigneur lui apparut en songe. Dieu lui dit : « Demande ce que je dois te donner. » Salomon répondit : « Tu as traité ton serviteur David, mon**

père, avec une grande fidélité, lui qui a marché en ta présence dans la loyauté, la justice et la droiture de cœur envers toi. Tu lui as gardé cette grande fidélité, tu lui as donné un fils qui est assis maintenant sur son trône. Ainsi donc, Seigneur mon Dieu, c'est toi qui m'as fait roi, moi, ton serviteur, à la place de David, mon père ; or, je suis un tout jeune homme, ne sachant comment se comporter, et me voilà au milieu du peuple que tu as élu ; c'est un peuple nombreux, si nombreux qu'on ne peut ni l'évaluer ni le compter. Donne à ton serviteur un cœur attentif pour qu'il sache gouverner ton peuple et discerner le bien et le mal ; sans cela, comment gouverner ton peuple, qui est si important ? » Cette demande de Salomon plut au Seigneur, qui lui dit : « Puisque c'est cela que tu as demandé, et non pas de longs jours, ni la richesse, ni la mort de tes ennemis, mais puisque tu as demandé le discernement, l'art d'être attentif et de gouverner, je fais ce que tu as demandé : je te donne un cœur intelligent et sage, tel que personne n'en a eu avant toi et que personne n'en aura après toi. De plus, je te donne même ce que tu n'as pas demandé, la richesse et la gloire, si bien que pendant toute ta vie tu n'auras pas d'égal parmi les rois. »

– Parole du Seigneur.

## *Psaume* 118 (119)

℟ ***Seigneur, apprends-moi tes commandements.***

Comment, jeune, garder pur son chemin ?
En observant ta parole.

De tout mon cœur, je te cherche ;
garde-moi de fuir tes volontés. ℟

Dans mon cœur, je conserve tes promesses
pour ne pas faillir envers toi.
Toi, Seigneur, tu es béni :
apprends-moi tes commandements. ℟

Je fais repasser sur mes lèvres
chaque décision de ta bouche.
Je trouve dans la voie de tes exigences
plus de joie que dans toutes les richesses. ℟

### *Acclamation de l'Évangile*

***Alléluia. Alléluia.*** Mes brebis écoutent ma voix, dit le Seigneur; moi, je les connais, et elles me suivent. ***Alléluia.***

## *Évangile de Jésus Christ*

selon saint Marc (6, 30-34)

*« Ils étaient comme des brebis sans berger »*

**En ce temps-là, les Apôtres se réunirent auprès de Jésus, et lui annoncèrent tout ce qu'ils avaient fait et enseigné. Il leur dit : « Venez à l'écart dans un endroit désert, et reposez-vous un peu. » De fait, ceux qui arrivaient et ceux qui partaient étaient nombreux, et l'on n'avait même pas le temps de manger. Alors, ils partirent en barque pour un endroit désert, à l'écart. Les gens les virent s'éloigner, et beaucoup comprirent leur intention. Alors, à pied, de toutes les villes, ils coururent là-bas et arrivèrent avant eux. En débarquant, Jésus vit une grande foule. Il fut saisi de compassion* envers eux, parce qu'ils étaient comme des brebis sans berger. Alors, il se mit à les enseigner longuement.**

### *Prière sur les offrandes*

Accueille, nous t'en prions, Seigneur, les dons prélevés pour toi sur tes propres largesses ; que ces mystères très saints, où ta grâce opère avec puissance, sanctifient notre vie de tous les jours et nous conduisent aux joies éternelles. Par le Christ, notre Seigneur. ***— Amen.***

### *Antienne de la communion*

Bénis le Seigneur, ô mon âme,
n'oublie aucun de ses bienfaits.
(Ps 102, 2)

*OU*

Heureux les miséricordieux,
car ils obtiendront miséricorde.
Heureux les cœurs purs,
car ils verront Dieu.
(Mt 5, 7-8)

### *Prière après la communion*

Nous avons communié, Seigneur, au sacrement divin, mémorial à jamais de la passion de ton Fils ; nous t'en prions : fais servir à notre salut le don que lui-même nous a légué dans son amour inexprimable. Lui qui… ***— Amen.***

## INVITATION

Quel ouvrage spirituel ai-je lu récemment et lequel vais-je lire maintenant ?

## COMMENTAIRE

### La faim

Marc 6, 30-34

« Alors il se mit à les enseigner longuement. » Voilà de quoi donner bonne conscience aux prédicateurs que l'on juge trop longs ! Mais ici, c'est Jésus qui parle. Installons-nous à l'écart avec ces affamés de pain et de Parole. Si rien n'est dit du contenu de son enseignement, c'est qu'il s'agit du secret d'une rencontre qui se fait cœur à cœur. Prenons le temps de cette mise à l'écart et écoutons. ■

*Colette Hamza, xavière*

## ❊ CLÉ DE LECTURE

### « Saisi de compassion »

Marc 6, 34 *(p. 28)*

Ce verbe très imagé signifie littéralement en grec « être pris aux entrailles ». Dans les évangiles synoptiques, il décrit fréquemment l'attitude de Jésus devant ceux qui souffrent dans leur corps ou dans leur cœur : les lépreux, les aveugles, la veuve de Naïm et, ici, la foule des pauvres qui cherchent un signe d'espérance. Il s'applique aussi, chez Luc, au Bon Samaritain et au père du fils prodigue. Ce dernier emploi, qui est celui d'une figure paternelle, nous alerte. Dans les Écritures juives, Dieu est dit « plein de tendresse », d'un mot dérivé de la matrice de la femme. Chez les Grecs, l'image est masculine. Mais de part et d'autre, Jésus « incarne » l'attitude d'un Dieu qui, au sens fort, « souffre » dans son amour pour notre humanité malade. ■

*Roselyne Dupont-Roc, bibliste*

# Saint Anschaire

**Couleur liturgique : blanc**

*801-865. Moine bénédictin de l'abbaye de Corbie (Picardie). Il prêcha l'Évangile au Danemark, en Suède puis dans le nord de l'Allemagne.*

## Antienne d'ouverture

Je te rendrai grâce parmi les peuples, Seigneur ; je proclamerai ton nom devant mes frères. (Ps 17, 50 ; 21, 23)

## Prière

Seigneur Dieu, tu as envoyé saint Anschaire, ton évêque, porter à de nombreux peuples la clarté de l'Évangile ; accorde-nous, par son intercession, de marcher toujours à la lumière de ta vérité. Par Jésus… ***— Amen.***

## Prière sur les offrandes

Dieu tout-puissant, regarde le sacrifice que nous offrons en la fête de saint Anschaire : donne-nous d'imiter dans notre vie les mystères de la passion du Seigneur que nous célébrons. Lui qui… ***— Amen.***

## Antienne de la communion

C'est moi qui ferai paître
mon troupeau, et c'est moi qui le ferai reposer, dit le Seigneur. (Ez 34, 15)

*OU*

Ce que je vous dis dans les ténèbres,
dites-le en pleine lumière,
dit le Seigneur ; ce que vous entendez au creux de l'oreille, proclamez-le sur les toits. (Mt 10, 27)

## Prière après la communion

Seigneur, par la puissance du mystère que nous célébrons, affermis tes serviteurs dans la vraie foi : donne-leur de la proclamer partout, en parole et en acte, à l'exemple de saint Anschaire qui lui consacra toute sa vie dans un labeur infatigable. Par le Christ, notre Seigneur. ***— Amen.***

# Bienheureuse Vierge Marie

**Couleur liturgique : blanc ou vert**

*Les samedis du temps ordinaire sans mémoire obligatoire, on peut faire mémoire de la Vierge Marie, selon une tradition qui honore la foi et l'espérance sans défaut de Marie le Samedi saint.*

## Antienne d'ouverture

Bienheureuse es-tu, Vierge Marie :
tu as porté le Créateur de l'univers,
tu as mis au monde celui qui t'a faite,
et tu demeures toujours vierge.

## Prière

Dieu de miséricorde, viens au secours de notre faiblesse : puisque nous faisons mémoire de la sainte Mère de Dieu, fais que, soutenus par son intercession, nous soyons relevés de nos péchés. Par Jésus Christ… ***— Amen.***

*OU*

Que vienne à notre aide, Seigneur, nous t'en prions, l'admirable intercession de la bienheureuse Marie toujours vierge ; qu'elle nous obtienne la joie de vivre dans la paix que tu nous donnes, délivrés de tout péril. Par Jésus Christ… ***— Amen.***

## Prière sur les offrandes

En rendant hommage à la Mère de ton Fils, Seigneur, nous te supplions : que le sacrifice offert en ce jour fasse de nous, par le don de ta grâce, une éternelle offrande à ta gloire. Par le Christ, notre Seigneur. ***— Amen.***

*Préface de la Vierge Marie, p. 220.*

## Antienne de la communion

Le Puissant fit pour moi des
merveilles ; Saint est son nom. (Lc 1, 49)

## Prière après la communion

Tu nous as fait participer à la rédemption éternelle, et nous te prions, Seigneur : alors que nous faisons mémoire de la Mère de ton Fils, comble-nous de la plénitude de ta grâce, et fais-nous éprouver toujours davantage les effets du salut. Par le Christ, notre Seigneur. ***— Amen.***

# DIMANCHE 4 FÉVRIER 2024

## 5E DIMANCHE DU TEMPS ORDINAIRE

**ANNÉE B – COULEUR LITURGIQUE : VERT**

*« Il guérit beaucoup de gens atteints de toutes sortes de maladies. »* Marc 1, 34

**Vainqueur du mal, Libérateur, Sauveur.** Tel est le Christ, « le Seigneur qui guérit nos blessures ». La foi ne dispense personne du mal et de l'épreuve, mais elle est la force qui permet de les traverser, elle est la flamme de l'espérance qui éclaire notre avenir. Rendons grâce à Dieu qui, en son Fils, sauve tous les hommes.

## RITES INITIAUX

***Chant d'entrée*** *(Suggestions p. 243)*
*OU*
***Antienne d'ouverture***
Venez, adorons Dieu, prosternons-nous devant le Seigneur
qui nous a faits, car il est notre Dieu. (cf. Ps 94, 6-7)

***Suggestion de préparation pénitentielle*** *(ou p. 211)*
Frères et sœurs, préparons-nous à célébrer le mystère de l'eucharistie en reconnaissant que nous avons péché.

Seigneur Jésus, envoyé pour guérir les cœurs qui reviennent vers toi. Seigneur, prends pitié.
***— Seigneur, prends pitié.***
Ô Christ, toi qui es venu appeler tous les pécheurs. Ô Christ, prends pitié.
***— Ô Christ, prends pitié.***
Seigneur, toi qui sièges à la droite du Père où tu intercèdes pour nous, Seigneur, prends pitié.
***— Seigneur, prends pitié.***

Que Dieu tout-puissant nous fasse miséricorde ; qu'il nous pardonne nos péchés et nous conduise à la vie éternelle. ***— Amen.***

***Gloire à Dieu*** *(p. 213)*

*Prière*

Dans ton inlassable tendresse, nous t'en prions, Seigneur, veille sur ta famille : elle s'appuie sur la grâce du ciel, son unique espérance ; qu'elle soit toujours assurée de ta protection. Par Jésus… ***— Amen.***

## LITURGIE DE LA PAROLE

### *Lecture* du livre de Job (7, 1-4.6-7)

*« Je ne compte que des nuits de souffrance »*

**Job prit la parole et dit : « Vraiment, la vie de l'homme sur la terre est une corvée, il fait des journées de manœuvre. Comme l'esclave qui désire un peu d'ombre, comme le manœuvre qui attend sa paye, depuis des mois je n'ai en partage que le néant, je ne compte que des nuits de souffrance. À peine couché, je me dis : "Quand pourrai-je me lever ?" Le soir n'en finit pas : je suis envahi de cauchemars jusqu'à l'aube. Mes jours sont plus rapides que la navette du tisserand, ils s'achèvent faute de fil. Souviens-toi, Seigneur : ma vie n'est qu'un souffle, mes yeux ne verront plus le bonheur. »**

– Parole du Seigneur.

## *Psaume* 146 (147A)

℟ ***Bénissons le Seigneur qui guérit nos blessures !***
*OU* ***Alléluia !***

*T. : AELF ; M. : T. Ospital ; Éd. : ADF.*

Il est bon de fêter notre Dieu,
il est beau de chanter sa louange :
il guérit les cœurs brisés
et soigne leurs blessures. ℟

Il compte le nombre des étoiles,
il donne à chacune un nom ;
il est grand, il est fort, notre Maître :
nul n'a mesuré son intelligence. ℟

Retrouvez
ce psaume sur le CD
"Les psaumes
de l'année B"

Le Seigneur élève les humbles
et rabaisse jusqu'à terre les impies.
Entonnez pour le Seigneur l'action de grâce,
jouez pour notre Dieu sur la cithare ! ℟

## *Lecture* de la première lettre de saint Paul apôtre aux Corinthiens (9, 16-19.22-23)

*« Malheur à moi si je n'annonçais pas l'Évangile ! »*

**Frères, annoncer l'Évangile, ce n'est pas là pour moi un motif de fierté, c'est une nécessité qui s'impose à moi. Malheur à moi si je n'annonçais pas l'Évangile ! Certes, si je le fais de moi-même, je mérite une récompense. Mais je ne le fais pas de moi-même, c'est une mission qui m'est confiée. Alors quel est mon mérite ? C'est d'annoncer l'Évangile sans rechercher aucun avantage matériel, et sans faire valoir mes droits de prédicateur de l'Évangile. Oui, libre à l'égard de tous, je me suis fait l'esclave de tous afin d'en gagner le plus grand nombre possible. Avec les faibles, j'ai été faible, pour gagner les faibles. Je me suis fait tout à tous pour en sauver à tout prix quelques-uns. Et tout cela, je le fais à cause de l'Évangile, pour y avoir part, moi aussi.**

– Parole du Seigneur.

### *Acclamation de l'Évangile*

***Alléluia. Alléluia.*** Le Christ a pris nos souffrances, il a porté nos maladies. ***Alléluia.***

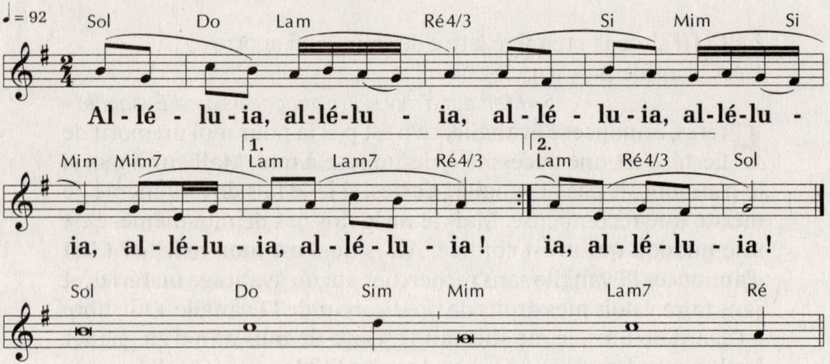


*T. : AELF; M. : P. Robert.*

## *Évangile de Jésus Christ* selon saint Marc (1, 29-39)

*« Il guérit beaucoup de gens atteints de toutes sortes de maladies »*

**En ce temps-là, aussitôt sortis de la synagogue de Capharnaüm, Jésus et ses disciples allèrent, avec Jacques et Jean, dans la maison de Simon et d'André. Or, la belle-mère de Simon était au lit,**

elle avait de la fièvre. Aussitôt, on parla à Jésus de la malade. Jésus s'approcha, la saisit par la main et la fit lever. La fièvre la quitta, et elle les servait.
Le soir venu, après le coucher du soleil, on lui amenait tous ceux qui étaient atteints d'un mal ou possédés par des démons. La ville entière se pressait à la porte. Il guérit beaucoup de gens atteints de toutes sortes de maladies, et il expulsa beaucoup de démons; il empêchait les démons de parler, parce qu'ils savaient, eux, qui il était.
Le lendemain, Jésus se leva, bien avant l'aube. Il sortit et se rendit dans un endroit désert, et là il priait. Simon et ceux qui étaient avec lui partirent à sa recherche. Ils le trouvent et lui disent : « Tout le monde te cherche. » Jésus leur dit : « Allons ailleurs, dans les villages voisins, afin que là aussi je proclame l'Évangile; car c'est pour cela que je suis sorti. »
Et il parcourut toute la Galilée, proclamant l'Évangile dans leurs synagogues, et expulsant les démons.

*Homélie*

*Profession de foi* *(p. 214)*

### *Suggestion de prière universelle*

*Le prêtre :*

Dieu notre Père apaise toute souffrance et nous donne la paix. Adressons-lui maintenant notre supplication pour les femmes et les hommes de notre temps.

℟ ***Écoute nos prières, Seigneur, exauce-nous !***

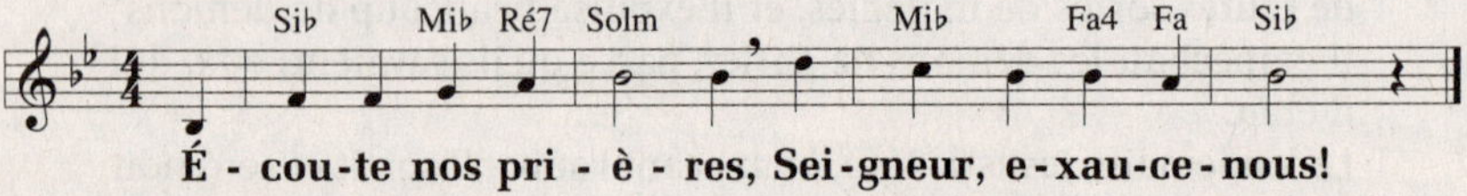


*A180 ; T. : J.-P. Lécot ; M. : J.-S. Bach ; Éd. Pierre Zech.*

*Le diacre ou un lecteur :*

L'Église poursuit en ce monde la mission même du Christ Jésus. Pour les évêques et les prêtres, ministres des sacrements de guérison, qu'ils aient la joie du service, Seigneur, nous t'en prions. ℟

Des populations sont anéanties par la pauvreté, l'exclusion, l'errance. Pour les dirigeants des grandes nations, qu'ils s'efforcent de bâtir un monde plus juste, Seigneur, nous te prions. ℟

Les personnes malades, les mourants et leur entourage perdent parfois toute espérance. Pour les professionnels de la santé et les proches des personnes malades, qu'ils puisent dans l'Évangile lumière et consolation, Seigneur, nous te prions. ℟

Tous les baptisés ont la mission d'annoncer l'Évangile. Pour notre assemblée réunie, que l'eucharistie ravive notre foi et notre charité, Seigneur, nous te prions. ℟

*(Ces intentions seront adaptées ou modifiées selon les circonstances.)*

*Le prêtre :*

À tes fidèles, Dieu notre Père, tends une main secourable : qu'ils te cherchent de tout cœur et voient exaucées leurs justes demandes. Par le Christ, notre Seigneur. ***– Amen.***

## LITURGIE EUCHARISTIQUE

### *Prière sur les offrandes*

Seigneur notre Dieu, tu as choisi dans ta création ces aliments qui soutiennent notre fragilité ; nous t'en prions : fais qu'ils deviennent aussi pour nous le sacrement de la vie éternelle. Par le Christ, notre Seigneur. ***– Amen.***

### *Prière eucharistique*

*(Préface des dimanches, p. 219)*

### *Chant de communion*

*(Suggestions p. 243)*

*OU*

### *Antienne de la communion*

Qu'ils rendent grâce au Seigneur pour sa miséricorde,
pour ses merveilles envers les hommes :
car il rassasie l'âme épuisée, il comble de biens celle qui a faim !
(cf. Ps 106, 8-9)

*OU*

Heureux ceux qui pleurent, car ils seront consolés.
Heureux ceux qui ont faim et soif de la justice,
car ils seront rassasiés.
(Mt 5, 4.6)

### *Prière après la communion*

Tu as voulu, Seigneur Dieu, que nous ayons part au même pain et à la même coupe ; nous t'en prions : puisque nous sommes devenus un dans le Christ, que notre manière de vivre nous donne la joie de porter du fruit pour le salut du monde. Par le Christ, notre Seigneur.
***— Amen.***

## RITE DE CONCLUSION

### *Bénédiction*

### *Envoi*

COMMENTAIRE DU DIMANCHE

**Marie-Dominique Trébuchet,** théologienne,
Institut catholique de Paris

# L'annonce en paroles et en actes

Annoncer l'Évangile : il n'est rien de plus grand, rien de plus urgent. Mais comment comprendre la mission du Christ en termes d'annonce alors qu'il en est lui-même la réalisation ? Quelle forme prend l'annonce chez celui qui est lui-même Bonne Nouvelle pour tous ? Les textes du jour nous donnent-ils une clé d'interprétation ?
Job n'en peut plus de souffrance mais au cœur même de son malheur, et alors que nulle espérance ne semble permise, il s'adresse au Seigneur : « Souviens-toi. » Comme en écho à la souffrance de Job, de nombreux souffrants et malades s'adressent à Jésus. Ils ont reconnu en lui celui qui n'abandonne pas, celui qui se souvient, celui qui écoute, porte attention et sauve. Jésus guérit du mal et du malheur et c'est ainsi qu'il ne fait pas autre chose •••

••• qu'annoncer l'Évangile. Le contenu de l'Évangile se découvre dans les paroles et les actes de Jésus, en reliant ses paroles et ses actes. Ainsi nous comprenons que l'annonce est liée à l'écoute, à l'attention, à la proximité avec les souffrants, au soin apporté, à la guérison des maux qui empêchent de vivre. Le salut rejoint l'homme qui attend du Seigneur qu'il se souvienne de lui. Transformé, sauvé du mal et du malheur, il n'a de cesse, comme Paul, d'annoncer la Bonne Nouvelle : Dieu sauve.

Comment se traduit l'annonce de l'Évangile dans mon existence ?

Est-ce que je sais reconnaître les médiations de l'annonce dans leur diversité, pour m'en reconnaître aussi acteur ? ■

Prions en Église
junior

## LIRE L'ÉVANGILE AVEC LES ENFANTS

## CE QUE JE DÉCOUVRE

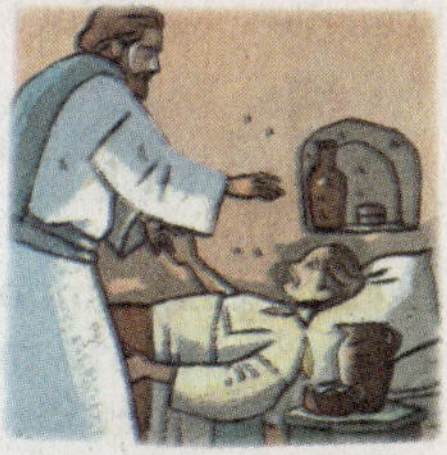

Dans cet évangile, les missions de Jésus sont décrites : guérir les malades, chasser les démons, sauver les hommes et proclamer la Bonne Nouvelle. **Ce que fait et ce ce que dit Jésus nous montre que Dieu nous aime.** Mais, avant d'agir et de discuter, Jésus parle à son Père. Prier, c'est la première chose qu'il fait le matin : il se lève avant l'aube et choisit toujours un endroit désert.

## CE QUE JE VIS

Est-ce important pour toi de prier ?
Quand tu pries, demandes-tu des choses à Dieu ?
Penses-tu à lui dire merci ?
**Installe-toi un coin prière, dans ta chambre ou dans un endroit secret.**
**Alors regarde Dieu et parle-lui.**

Texte : Benoît Gschwind. Illustrations : Marcelino Truong

4-10

MÉDITATION BIBLIQUE

5E DIMANCHE DU TEMPS ORDINAIRE

Évangile selon saint Marc 1, 29-39

# À la même source

**L'évangile nous montre Jésus en pleine activité : il se déplace, guérit, expulse les esprits mauvais. Mais il nous le montre aussi en prière sans pour autant dévoiler le contenu de son colloque intime avec le Père. Activité et prière ne se nourrissent-elles pas chez lui à la même source, celle de l'amour ?**

## Le temps de la préparation

**« Tout le monde te cherche. » (Mc 1, 37)**

## Le temps de l'observation

Intercession des disciples – « on parla à Jésus de la malade » –, prière de vie – « on lui amenait tous ceux qui étaient atteints d'un mal » –, prière de Jésus qui sort avant l'aube pour se rendre dans un endroit désert : de quoi interpeller ! Ces différents types de prière s'insèrent dans une temporalité serrée et au cours d'une activité intense de Jésus – qui se déplace à plusieurs reprises et agit –, ainsi que de ses disciples et de la foule – on se presse autour de lui, on le cherche. La prière appartient ici à la trame d'un réel qui est celui de tous, y compris dans cette possibilité de prendre ses distances dans un lieu solitaire pour se « poser » face à Dieu. Rien ne nous est dit de la prière de Jésus : reprise de ce vécu dense, prière d'intercession, d'abandon, de confiance, d'adoration ? Nous ne le saurons jamais. Ce qui est sûr, c'est que la vie telle qu'elle est n'empêche pas Jésus de prier, que les vicissitudes sont le tremplin de la prière des disciples, et, implicitement, celui des foules qui se tournent vers lui.

## Le temps de la méditation

Ce texte peut nous interroger sur la relation entre la vie et la prière, sur ces sollicitations concrètes que certains vivent comme un obstacle, sur les retraits que nous nous offrons pour nous recueillir et nous laisser conduire jusqu'à une prière qui est celle de l'Esprit en nous, laquelle nous permet de nous « reposer en Dieu ». Un repos passant généralement par un combat, la traversée d'une mer intérieure houleuse que semble nous épargner une forme de prière plus en prise sur l'immédiateté du quotidien, d'où la tentation de la fuir. Quoi qu'il en soit, la prière est une question d'amour tel que le dit saint Augustin : « Ton désir, c'est ta prière, un désir nourri par la charité », « Parler abondamment est une chose, aimer longuement en est une autre » (Discours sur le psaume 37 et Lettre à Proba). Voilà qui nous incite à laisser irriguer et unifier notre vie par l'Esprit, lequel est « amour répandu en nos cœurs ».

## Le temps de la prière

**« Il est bon de fêter notre Dieu. » (Ps 146, 1)** ■

**Emmanuelle Billoteau,** ermite

DES IMAGES POUR LA FOI

5ᴱ DIMANCHE DU TEMPS ORDINAIRE

# Job, homme de confiance

**Les épreuves que Job a traversées n'ont pas affecté sa confiance en l'amour du Seigneur. Sa « passion » annonce celle de Jésus.**

Job se tient assis sur la prairie fleurie qui sert de parvis à sa maisonnette. Sans le linge blanc pudique qui recouvre sa taille, il serait nu comme un ver. Les épreuves n'ont cependant pas affecté sa foi : les mains jointes, il continue de s'en remettre à Dieu. Comme en réponse, le Seigneur lui envoie un ange pour le réconforter. Une expérience que, dans la Bible, Job partage avec le prophète Élie épuisé (1 R 19, 4-8) comme avec Jésus priant au mont des Oliviers (Lc 22, 43). Pour la tradition chrétienne, les souffrances de Job sont une préfiguration de la Passion du Christ. Parce que ses mots auraient pu être ceux de Jésus à Gethsémani, ils ont été largement repris dans l'office des morts, comme c'est le cas pour le manuscrit représenté ici. En confiant à Dieu les défunts ou ceux qui s'approchent de leur dernière heure, nous disons, comme Job, notre confiance en l'amour miséricordieux du Seigneur qui a vaincu la mort. Nous croyons qu'il nous accueillera dans son royaume de paix et de lumière que symbolise ici l'horizon de fleurs légères et élégantes. ■

**Dominique Pierre,**
rédacteur en chef délégué

**Miniature d'un livre d'Heures** (Rouen, XVe siècle)

***Une prière*** *de Lise Lachance, pour ce dimanche*

# Transforme en joie

Dans ma détresse, il m'arrive de désespérer, comme Job,
et je dis : « Mes yeux ne verront plus le bonheur. »
Où es-tu, Seigneur, quand j'ai mal ?
Je me rappelle les paroles de ton Fils, Jésus.
Ses gestes de guérison parlent de ton amour
pour l'être humain que tu as créé.
Malgré nos égarements, tu ne cesses de nous offrir
une relation construite sur la confiance et la fidélité.
Rends-moi l'espérance d'être sauvée.
Je crois en la vie que tu promets.
Regarde celles et ceux qui souffrent autour de moi
et souviens-toi de tes promesses, accomplies en Jésus.
Exauce notre désir de vivre
et transforme nos douleurs en joie de résurrection.

# LUNDI 5 FÉVRIER 2024

**5E SEMAINE DU TEMPS ORDINAIRE COULEUR LITURGIQUE : ROUGE**

**Sainte Agathe**

*IIIe siècle. Jeune Sicilienne, martyre à Catane. Pour avoir repoussé les avances d'un puissant et être restée fidèle au Christ, elle fut atrocement mutilée.*

4 - 10

### *Antienne d'ouverture*

**Voici qu'elle suit l'Agneau, crucifié pour nous,**
**la vierge fidèle, victime pure, offrande immaculée.**
*OU*
**Bienheureuse vierge, renonçant à elle-même**
**et portant sa croix, elle a imité le Seigneur,**
**époux des vierges et prince des martyrs.**

### *Prière*

Nous t'en prions, Seigneur, que la bienheureuse Agathe, vierge et martyre, implore pour nous ton pardon, elle qui sut toujours te plaire par le courage de son martyre et le mérite de sa chasteté. Par Jésus… – ***Amen.***

## *Lecture*

du premier livre des Rois (8, 1-7.9-13)

*« Les prêtres transportèrent l'Arche dans le Saint des Saints, et la nuée remplit la maison du Seigneur »*

**En ces jours-là, Salomon rassembla auprès de lui à Jérusalem les anciens d'Israël et tous les chefs des tribus, les chefs de famille des fils d'Israël, pour aller chercher l'arche de l'Alliance du Seigneur dans la**

Cité de David, c'est-à-dire à Sion. Tous les hommes d'Israël se rassemblèrent auprès du roi Salomon au septième mois, durant la fête des Tentes. Quand tous les anciens d'Israël furent arrivés, les prêtres se chargèrent de l'Arche. Ils emportèrent l'arche du Seigneur et la tente de la Rencontre avec tous les objets sacrés qui s'y trouvaient ; ce sont les prêtres et les lévites qui les transportèrent. Le roi Salomon et, avec lui, toute la communauté d'Israël qu'il avait convoquée auprès de lui devant l'Arche offrirent en sacrifice des moutons et des bœufs : il y en avait un si grand nombre qu'on ne pouvait ni le compter ni l'évaluer. Puis les prêtres transportèrent l'Arche à sa place, dans la Chambre sainte que l'on appelle le Saint des Saints, sous les ailes des kéroubim. Ceux-ci, en effet, étendaient leurs ailes au-dessus de l'emplacement de l'Arche : ils protégeaient l'Arche et ses barres. Dans l'Arche, il n'y avait rien, sinon les deux tables de pierre que Moïse y avait placées au mont Horeb, quand le Seigneur avait conclu alliance avec les fils d'Israël, à leur sortie du pays d'Égypte. Quand les prêtres sortirent du sanctuaire, la nuée remplit la maison du Seigneur, et, à cause d'elle, les prêtres durent interrompre le service divin : la gloire du Seigneur remplissait la maison du Seigneur ! Alors Salomon s'écria : « Le Seigneur déclare demeurer dans la nuée obscure. Et maintenant, je t'ai construit, Seigneur, une maison somptueuse, un lieu* où tu habiteras éternellement. » – Parole du Seigneur.

## Psaume 131 (132)

℟ ***Monte, Seigneur, vers le lieu de ton repos, toi, et l'arche de ta force !***

Souviens-toi, Seigneur, de David,
de sa promesse au Puissant de Jacob :
« J'interdirai tout sommeil à mes yeux
avant d'avoir trouvé un lieu
pour le Seigneur. » ℟

Voici qu'on nous l'annonce à Éphrata,
nous l'avons trouvée près de Yagar.

Entrons dans la demeure de Dieu,
prosternons-nous aux pieds
de son trône. ℟

Que tes prêtres soient vêtus de justice,
que tes fidèles crient de joie !
Pour l'amour de David, ton serviteur,
ne repousse pas la face de ton messie. ℟

### *Acclamation de l'Évangile*

***Alléluia. Alléluia.*** Jésus proclamait l'Évangile du Royaume et guérissait toute infirmité dans le peuple. ***Alléluia.***

## *Évangile de Jésus Christ*

selon saint Marc (6, 53-56)

*« Tous ceux qui touchèrent la frange de son manteau étaient sauvés »*

En ce temps-là, après la traversée, abordant à Génésareth Jésus et ses disciples accostèrent. Ils sortirent de la barque, et aussitôt les gens reconnurent Jésus : ils parcoururent toute la région, et se mirent à apporter les malades sur des brancards là où l'on apprenait que Jésus se trouvait. Et dans tous les endroits où il se rendait, dans les villages, les villes ou les campagnes, on déposait les infirmes sur les places. Ils le suppliaient de leur laisser toucher ne serait-ce que la frange de son manteau. Et tous ceux qui la touchèrent étaient sauvés.

### *Prière sur les offrandes*

Seigneur, nous te présentons ces offrandes en célébrant sainte Agathe : accepte-les avec bienveillance, nous t'en prions, comme tu as accueilli le combat de son martyre. Par le Christ, notre Seigneur. **— *Amen.***

### *Antienne de la communion*

L'Agneau qui se tient
au milieu du Trône
les conduira aux sources
des eaux de la vie.
(cf. Ap 7, 17)

### *Prière après la communion*

Seigneur Dieu, tu as donné à sainte Agathe d'être couronnée parmi les saints, au double titre de vierge et de martyre ; par la force de ce sacrement, rends-nous forts pour surmonter le mal et obtenir ainsi la gloire du ciel. Par le Christ, notre Seigneur. **— *Amen.***

### INVITATION

Aujourd'hui, je pourrais demander à sainte Agathe son intercession pour les personnes atteintes d'un cancer du sein.

## COMMENTAIRE

### Bien fait

Marc 6, 53-56

« Jésus [...], Dieu lui a donné l'onction d'Esprit Saint et de puissance. Là où il passait, il faisait le bien [...], car Dieu était avec lui » (Ac 10, 38). Voilà qui fait écho à l'évangile d'aujourd'hui et donne une interprétation à l'action du Christ : « Dieu était avec lui. » Or, par notre baptême, par la présence de Dieu à nos côtés, nous participons à cette capacité de faire le bien autour de nous : par l'accueil de l'autre dans sa différence, par le refus de l'enfermer dans des jugements... ■ *Emmanuelle Billoteau, ermite*

## ❊ CLÉ DE LECTURE

### « Un lieu »

1 Rois 8, 13 *(p. 52)*

Le récit de l'installation de l'arche dans le Temple de Jérusalem, construit par Salomon, fait écho à celui de la tente du désert élevée par Moïse (Ex 40, 18-38). En ce lieu, le Seigneur descend dans la nuée pour venir au milieu de son peuple et manifester ainsi le poids de sa présence, sa gloire. Mais dans le livre de l'Exode, la tente itinérante accompagnait le peuple en marche (Ex 40, 36-37). Le lecteur peut alors s'inquiéter de ce texte qui rend hommage au roi Salomon. Dieu n'avait-il pas refusé que David lui bâtisse une maison en inversant les rôles : c'est lui, Dieu, qui bâtirait pour David une dynastie prolongeant son règne (2 S 7, 12) ? N'est-il pas dangereux, voire insensé, d'assigner ainsi Dieu à résidence, dans une demeure, certes somptueuse, mais faite de main d'homme ? ■ *Roselyne Dupont-Roc, bibliste*

# MARDI 6 FÉVRIER 2024

5E SEMAINE DU TEMPS ORDINAIRE COULEUR LITURGIQUE : ROUGE

**Saint Paul Miki et ses compagnons**

*1564-1597. Paul Miki, jésuite japonais, était l'un des vingt-six chrétiens – religieux et laïcs – qui furent crucifiés sur une colline, près de Nagasaki.*

## *Antienne d'ouverture*

**Les saints martyrs ont versé leur sang pour le Seigneur; par leur vie ils ont aimé le Christ, ils l'ont imité dans leur mort, méritant ainsi les couronnes des vainqueurs.**

*OU*

**Elles se réjouissent dans les cieux, les âmes des saints qui ont suivi les traces du Christ; ils ont répandu leur sang par amour pour lui : c'est pourquoi ils exultent avec lui pour l'éternité.**

## *Prière*

Seigneur Dieu, force de tous les saints, tu as appelé les saints martyrs Paul Miki et ses compagnons à entrer dans la vie en passant par la croix; accorde-nous, à leur intercession, la force de garder jusqu'à la mort la foi que nous proclamons. Par Jésus… ***— Amen.***

# Lecture

du premier livre des Rois (8, 22-23.27-30)

*« Tu as dit: "C'est ici que sera mon nom." Écoute donc la supplication de ton peuple Israël »*

**En ces jours-là, lors de la consécration du Temple, Salomon se plaça devant l'autel du Seigneur, en face de toute l'assemblée d'Israël;**

il étendit les mains vers le ciel et fit cette prière : « Seigneur, Dieu d'Israël, il n'y a pas de Dieu comme toi, ni là-haut dans les cieux, ni sur la terre ici-bas ; car tu gardes ton Alliance et ta fidélité envers tes serviteurs, quand ils marchent devant toi de tout leur cœur. Est-ce que, vraiment, Dieu habiterait sur la terre ? Les cieux et les hauteurs des cieux ne peuvent te contenir : encore moins cette Maison que j'ai bâtie ! Sois attentif à la prière et à la supplication de ton serviteur. Écoute, Seigneur mon Dieu, la prière et le cri qu'il lance aujourd'hui vers toi. Que tes yeux soient ouverts nuit et jour sur cette Maison, sur ce lieu dont tu as dit : "C'est ici que sera mon nom." Écoute donc la prière que ton serviteur fera en ce lieu. Écoute la supplication de ton serviteur et de ton peuple Israël, lorsqu'ils prieront en ce lieu. Toi, dans les cieux où tu habites, écoute et pardonne. » – Parole du Seigneur.



## *Psaume* 83 (84)

℟ ***De quel amour sont aimées tes demeures, Seigneur, Dieu de l'univers !***

Mon âme s'épuise à désirer
les parvis du Seigneur ;
mon cœur et ma chair sont un cri
vers le Dieu vivant ! ℟

L'oiseau lui-même s'est trouvé une maison,
et l'hirondelle, un nid
pour abriter sa couvée :
tes autels, Seigneur de l'univers,
mon Roi et mon Dieu ! ℟

Heureux les habitants
de ta maison :
ils pourront te chanter encore !
Dieu, vois notre bouclier,
regarde le visage de ton messie. ℟

Oui, un jour dans tes parvis
en vaut plus que mille.
J'ai choisi de me tenir sur le seuil,
dans la maison de mon Dieu. ℟

### *Acclamation de l'Évangile*

***Alléluia. Alléluia.*** Incline mon cœur vers tes exigences ; fais-moi la grâce de ta loi, Seigneur. ***Alléluia.***

## *Évangile de Jésus Christ*

selon saint Marc (7, 1-13)

*« Vous laissez de côté le commandement de Dieu, pour vous attacher à la tradition des hommes »*

**En ce temps-là, les pharisiens et quelques scribes, venus de Jérusalem, se réunissent auprès de Jésus, et voient quelques-uns de ses disciples prendre leur repas avec des mains impures, c'est-à-dire non lavées. – Les pharisiens en effet, comme tous les Juifs, se lavent toujours soigneusement les mains avant de manger, par attachement à la tradition des anciens ; et au retour du marché, ils ne mangent pas avant de s'être aspergés d'eau, et ils sont attachés encore par tradition à beaucoup d'autres pratiques : lavage de coupes, de carafes et de plats. Alors les pharisiens et les scribes demandèrent à Jésus : « Pourquoi tes disciples ne suivent-ils pas la tradition des anciens ? Ils prennent leurs repas avec des mains impures. » Jésus leur répondit : « Isaïe a bien prophétisé à votre sujet, hypocrites, ainsi qu'il est écrit : *Ce peuple m'honore des lèvres, mais son cœur est loin de moi. C'est en vain qu'ils me rendent un culte ; les***

*doctrines qu'ils enseignent ne sont que des préceptes humains.* Vous aussi, vous laissez de côté le commandement de Dieu, pour vous attacher à la tradition des hommes. »
Il leur disait encore : « Vous rejetez bel et bien le commandement de Dieu pour établir votre tradition. En effet, Moïse a dit : *Honore ton père et ta mère.* Et encore : *Celui qui maudit son père ou sa mère sera mis à mort.* Mais vous, vous dites : Supposons qu'un homme déclare à son père ou à sa mère : "Les ressources qui m'auraient permis de t'aider sont *korbane*, c'est-à-dire don réservé à Dieu", alors vous ne l'autorisez plus à faire quoi que ce soit pour son père ou sa mère ; vous annulez ainsi la parole de Dieu par la tradition que vous transmettez. Et vous faites beaucoup de choses du même genre. »



## *Prière sur les offrandes*

Reçois, Père très saint, les offrandes que nous te présentons en faisant mémoire de tes saints martyrs ; accorde aux serviteurs que nous sommes d'être inébranlables dans la confession de ton nom. Par le Christ, notre Seigneur. ***— Amen.***

## *Antienne de la communion*

Vous avez tenu bon avec moi
dans mes épreuves. Et moi,
je dispose pour vous du Royaume,
dit le Seigneur ; ainsi vous mangerez
et boirez à ma table dans
mon Royaume. (cf. Lc 22, 28.30)

*OU*

Elle est grande auprès de Dieu,
la récompense des saints :
ils sont morts pour le Christ
et vivent à jamais.

*Prière après la communion*

Seigneur Dieu, en tes saints martyrs tu as fait resplendir de manière admirable le mystère de la croix ; puisque nous sommes fortifiés par ce sacrifice, accorde-nous de rester fidèlement unis au Christ, et de travailler dans l'Église au salut de tous. Par le Christ, notre Seigneur. — ***Amen.***

## INVITATION

Comment puis-je prier Dieu aujourd'hui ? Et si je cherchais de nouveaux modèles de prières, d'autres manières de prier ?

## COMMENTAIRE

### Les valeurs sûres

Marc 7, 1-13

**« Vous annulez ainsi la parole de Dieu par la tradition que vous transmettez. » Refuser à nos semblables ce qu'ils sont en droit d'attendre (présence, affection, aide) ou négliger nos besoins fondamentaux au mépris du bon sens sous prétexte d'être plus proches de Dieu peut relever d'une perversion du message. Autant dire que Jésus nous invite à revenir à l'essentiel des valeurs évangéliques, sans en rajouter au niveau de nos discours et de nos pratiques (voir : Dt 4,2 ; Ap 22, 18-19).** ■

***Emmanuelle Billoteau**, ermite*

# MERCREDI 7 FÉVRIER 2024

5E SEMAINE DU TEMPS ORDINAIRE COULEUR LITURGIQUE : VERT

**Temps ordinaire,** *suggestion d'oraisons et d'antiennes n° 18*

4 - 10

### *Antienne d'ouverture*

**Dieu, viens à mon aide, Seigneur, viens vite à mon secours.**
**Tu es mon secours, mon libérateur, Seigneur, ne tarde pas !**
(cf. Ps 69, 2.6)

### *Prière*

Sois proche, Seigneur, de ceux qui te servent et montre à ceux qui t'implorent ton éternelle bonté ; c'est leur fierté d'avoir en toi leur Créateur et leur Guide : restaure pour eux ta création, et l'ayant renouvelée, protège-la. Par Jésus… — ***Amen.***

## Lecture

du premier livre des Rois (10, 1-10)

*« La reine de Saba vit toute la sagesse de Salomon »*

**En ces jours-là, la reine de Saba avait entendu parler de la renommée de Salomon, qui faisait honneur au nom du Seigneur. Elle vint donc pour le mettre à l'épreuve en lui proposant des énigmes. Elle arriva à Jérusalem avec une escorte imposante : des chameaux chargés d'aromates et d'une énorme quantité d'or et de pierres précieuses. Quand elle fut parvenue auprès de Salomon, elle lui exposa les questions qu'elle avait préparées, mais Salomon trouva réponse à tout et ne fut arrêté par aucune**

difficulté. Lorsque la reine de Saba vit toute la sagesse de Salomon, le palais qu'il avait construit, les plats servis à sa table, le logement de ses officiers, la tenue du service et l'habillement des serviteurs, ses sommeliers, les holocaustes qu'il offrait à la maison du Seigneur, elle en eut le souffle coupé, et elle dit au roi : « Ce que j'ai entendu dire dans mon pays sur toi et sur ta sagesse, c'était donc vrai ! Je ne voulais pas croire ce qu'on disait, avant de venir et de voir de mes yeux ; mais voilà qu'on ne m'en avait pas appris la moitié ! Tu surpasses en sagesse et en magnificence la renommée qui était venue jusqu'à moi. Heureux tes gens, heureux tes serviteurs que voici, eux qui se tiennent continuellement devant toi et qui entendent ta sagesse ! Béni soit le Seigneur ton Dieu, qui t'a montré sa bienveillance en te plaçant sur le trône d'Israël. Parce que le Seigneur aime Israël pour toujours, il t'a établi roi pour exercer le droit et la justice. » Elle fit présent au roi de cent vingt lingots d'or, d'une grande quantité d'aromates et de pierres précieuses ; il n'est plus jamais venu une quantité d'aromates pareille à celle que la reine de Saba avait donnée au roi Salomon. – Parole du Seigneur.

## *Psaume* 36 (37)

℟ ***Les lèvres du juste redisent la sagesse.***

Dirige ton chemin vers le Seigneur,
fais-lui confiance, et lui, il agira.
Il fera lever comme le jour ta justice,
et ton droit comme le plein midi. ℟

Les lèvres du juste redisent la sagesse
et sa bouche énonce le droit.
La loi de son Dieu est dans son cœur ;
il va, sans craindre les faux pas. ℟

Le Seigneur est le salut pour les justes,
leur abri au temps de la détresse.

Le Seigneur les aide et les délivre,
car ils cherchent en lui leur refuge. ℟



### Acclamation de l'Évangile

***Alléluia. Alléluia.*** Ta parole, Seigneur, est vérité ; dans cette vérité, sanctifie-nous. ***Alléluia.***

## Évangile de Jésus Christ

selon saint Marc (7, 14-23)

*« Ce qui sort de l'homme, voilà ce qui rend l'homme impur »*

En ce temps-là, appelant de nouveau la foule, Jésus lui disait : « Écoutez-moi tous, et comprenez bien. Rien de ce qui est extérieur à l'homme et qui entre en lui ne peut le rendre impur. Mais ce qui sort de l'homme, voilà ce qui rend l'homme impur. »
Quand il eut quitté la foule pour rentrer à la maison, ses disciples l'interrogeaient sur cette parabole. Alors il leur dit : « Êtes-vous donc sans intelligence*, vous aussi ? Ne comprenez-vous pas que tout ce qui entre dans l'homme, en venant du dehors, ne peut pas le rendre impur, parce que cela n'entre pas dans son cœur, mais dans son ventre, pour être éliminé ? » C'est ainsi que Jésus déclarait purs tous les aliments.
Il leur dit encore : « Ce qui sort de l'homme, c'est cela qui le rend impur. Car c'est du dedans, du cœur de l'homme, que sortent les pensées perverses : inconduites, vols, meurtres, adultères, cupidités, méchancetés, fraude, débauche, envie, diffamation, orgueil et démesure. Tout ce mal vient du dedans, et rend l'homme impur. »

### *Prière sur les offrandes*
Dans ta bonté, sanctifie ces dons, nous t'en prions, Seigneur ; accepte le sacrifice spirituel que nous t'offrons, et fais de nous-mêmes une éternelle offrande pour toi. Par le Christ, notre Seigneur. — ***Amen.***

### *Antienne de la communion*
Je suis le pain de la vie,
dit le Seigneur, celui qui vient à moi
n'aura jamais faim, celui qui croit
en moi n'aura jamais soif.
(Jn 6, 35)

*OU*

Tu nous as donné, Seigneur,
le pain venu du ciel,
pain aux multiples saveurs
qui comble tous les goûts.
(Sg 16, 20)

### *Prière après la communion*
Seigneur, entoure d'une constante protection ceux que tu as renouvelés par le don du ciel ; puisque tu ne cesses de les réconforter, rends-les dignes de la rédemption éternelle. Par le Christ, notre Seigneur. — ***Amen.***

## INVITATION
Je peux prier le chapelet de Lourdes en le regardant en direct à 15 h 30 sur le site du sanctuaire.

## COMMENTAIRE

### Portier vigilant

Marc 7, 14-23

**Jésus nous invite à un déplacement, à un changement de perspective, à un passage du dehors au dedans, de l'extériorité à l'intériorité. Par là même, il nous incite à la pureté du cœur, nous pressant de nous purifier des pensées mauvaises qui empêchent la bonté de Dieu, à l'image duquel nous avons été créés, d'affleurer. Ce qui suppose d'exercer sa vigilance et de se faire « le portier de son cœur » ou « le berger de ses pensées », pour reprendre deux expressions d'Évagre le Pontique (IVe siècle). ■**

*Emmanuelle Billoteau, ermite*



## ❊ CLÉ DE LECTURE

### « Sans intelligence »

Marc 7, 18 *(p. 63)*

**Jésus se montre dur avec ses disciples. Au cours des trois chapitres souvent appelés « la section des pains » (cf. Mc 6, 52 – 8, 21), il ne cesse de les rabrouer, leur reprochant « de ne pas comprendre ». Il n'est pas question ici d'attitude morale mais bien de mettre en œuvre leur intelligence, leur faculté de raisonner. Jésus ne veut pas mesurer leur QI, mais il leur rappelle qu'en face de la loi religieuse, de ses catégories et de ses obligations, la raison humaine doit se situer. Les prophètes d'Israël n'avaient cessé d'appeler à ce regard distancié envers le culte : devant les prescriptions traditionnelles, chacun est invité à réfléchir au lieu d'où viennent réellement les désirs mauvais, les choix destructeurs et leurs conséquences désastreuses. ■**

*Roselyne Dupont-Roc, bibliste*

# JEUDI 8 FÉVRIER 2024

5E SEMAINE DU TEMPS ORDINAIRE COULEUR LITURGIQUE : VERT

**Temps ordinaire,** *suggestion d'oraisons et d'antiennes n° 19*
*ou* **saint Jérôme Émilien**
*ou* **sainte Joséphine Bakhita**

### *Antienne d'ouverture*

**Regarde vers ton Alliance, Seigneur,**
**ne délaisse pas sans fin l'âme de tes pauvres.**
**Lève-toi, Seigneur, défends ta cause,**
**n'oublie pas le cri de ceux qui te cherchent.** (cf. Ps 73, 20.19.22.23)

### *Prière*

Dieu éternel et tout-puissant, comme l'enseigne l'Esprit Saint, nous pouvons déjà t'appeler du nom de Père ; fais grandir en nos cœurs l'esprit d'adoption filiale, afin que nous soyons capables d'entrer un jour dans l'héritage qui nous est promis. Par Jésus… ***— Amen.***

## Lecture

du premier livre des Rois (11, 4-13)

*« Puisque tu n'as pas gardé mon alliance, je vais t'enlever le royaume. Mais je laisserai une tribu à ton fils, à cause de David »*

**Salomon vieillissait ; ses femmes le détournèrent vers d'autres dieux, et son cœur n'était plus tout entier au Seigneur, comme l'avait été celui de son père David. Salomon prit part au culte d'Astarté, la déesse des Sidoniens, et à celui de Milcom, l'horrible idole des Ammonites. Il fit ce qui est mal**

aux yeux du Seigneur, et il ne lui obéit pas aussi parfaitement que son père David. Il construisit alors, sur la montagne à l'est de Jérusalem, un lieu sacré pour Camosh, l'horrible idole de Moab, et un autre pour Milcom, l'horrible idole des Ammonites. Il en fit d'autres pour permettre à toutes ses femmes étrangères de brûler de l'encens et d'offrir des sacrifices à leurs dieux. Le Seigneur s'irrita contre Salomon parce qu'il s'était détourné du Seigneur Dieu d'Israël. Pourtant, celui-ci lui était apparu deux fois, et lui avait défendu de suivre d'autres dieux ; mais Salomon avait désobéi. Le Seigneur lui déclara : « Puisque tu t'es conduit de cette manière, puisque tu n'as pas gardé mon alliance ni observé mes décrets, je vais t'enlever le royaume et le donner à l'un de tes serviteurs. Seulement, à cause de ton père David, je ne ferai pas cela durant ta vie ; c'est de la main de ton fils que j'enlèverai le royaume. Et encore, je ne lui enlèverai pas tout, je laisserai une tribu à ton fils, à cause de mon serviteur David et de Jérusalem, la ville que j'ai choisie. »

– Parole du Seigneur.



## *Psaume* 105 (106)

℟ ***Souviens-toi de nous, Seigneur,***
***dans ta bienveillance pour ton peuple.***

Heureux qui pratique la justice,
qui observe le droit en tout temps !
Souviens-toi de moi, Seigneur,
dans ta bienveillance pour ton peuple. ℟

Avec nos pères, nous avons péché,
nous avons failli et renié.
Ils vont se mêler aux païens,
ils apprennent leur manière d'agir. ℟

Alors ils servent leurs idoles,
et pour eux c'est un piège :
ils offrent leurs fils et leurs filles
en sacrifice aux démons. ℟

De telles pratiques les souillent ;
ils se prostituent par de telles actions.
Et le Seigneur prend feu contre son peuple :
ses héritiers lui font horreur. ℟

### *Acclamation de l'Évangile*

***Alléluia. Alléluia.*** Accueillez dans la douceur la Parole semée en nous : c'est elle qui peut vous sauver. ***Alléluia.***

## Évangile de Jésus Christ

selon saint Marc (7, 24-30)

*« Les petits chiens, sous la table, mangent bien les miettes des petits enfants ! »*

En ce temps-là, Jésus partit et se rendit dans le territoire de Tyr. Il était entré dans une maison, et il ne voulait pas qu'on le sache, mais il ne put rester inaperçu : une femme entendit aussitôt parler de lui ; elle avait une petite fille possédée par un esprit impur ; elle vint se jeter à ses pieds. Cette femme était païenne, syro-phénicienne de naissance*, et elle lui demandait d'expulser le démon hors de sa fille. Il lui disait : « Laisse d'abord les enfants se rassasier, car il n'est pas bien de prendre le pain des enfants et de le jeter aux petits chiens. » Mais elle lui répliqua : « Seigneur, les petits chiens, sous la table, mangent bien les miettes des petits enfants ! » Alors il lui dit : « À cause de cette parole, va : le démon est sorti de ta fille. » Elle rentra à la maison, et elle trouva l'enfant étendue sur le lit : le démon était sorti d'elle.

### *Prière sur les offrandes*

Accueille favorablement, Seigneur, ces présents que, dans ta miséricorde, tu as donnés à ton Église pour qu'elle puisse te les offrir ; fais qu'ils deviennent, par ta puissance, le sacrement de notre salut. Par le Christ, notre Seigneur. — ***Amen.***

### *Antienne de la communion*

Glorifie le Seigneur, Jérusalem :
de la fleur du froment, il te rassasie.
(cf. Ps 147, 12.14)

*OU*

Le pain que je donnerai,
c'est ma chair, donnée pour la vie
du monde, dit le Seigneur.
(Jn 6, 51)

### *Prière après la communion*

Que cette communion à ton sacrement, Seigneur, nous procure le salut et qu'elle nous affermisse dans la lumière de ta vérité. Par le Christ, notre Seigneur. — ***Amen.***



## INVITATION

Au Ve siècle, saint Vartan, fêté ce jour en Arménie, a défendu courageusement sa foi chrétienne face à l'armée perse. Et si je priais pour une paix durable entre l'Arménie actuelle et ses voisins ?

# JEUDI 8 FÉVRIER 2024

## COMMENTAIRE

**La dame au petit chien** — Marc 7, 24-30

**La Syro-Phénicienne est un exemple de consentement à sa propre différence. Elle ne conteste pas la place d'Israël – les enfants – dans l'histoire du salut. Elle s'assume païenne et sait reconnaître, dans le propos offensant de Jésus, une connotation presque affectueuse : l'adjectif « petit », accolé à la qualification de « chien », ouvrant une brèche dans laquelle elle peut s'engouffrer pour faire entendre son interprétation de l'accès aux dons de Dieu, quitte à se contenter de « miettes ». ■**

***Emmanuelle Billoteau**, ermite*

## ❊ CLÉ DE LECTURE

**« Syro-phénicienne de naissance »** — Marc 7, 26 *(p. 68)*

**Deux conceptions bien différentes de la femme étrangère. Au retour d'Exil, la peur d'une influence des cultes idolâtres apportés de l'extérieur pousse à projeter sur l'époque royale la vision négative et dangereuse des femmes. Cinq siècles plus tard, la rencontre avec une femme païenne, au nord de la Galilée, va conduire Jésus à une attitude nouvelle. Après avoir résisté un peu durement, il se laisse convaincre par la ténacité et l'humilité de cette femme qui lui reconnaît le don de la vie. Il doit passer les frontières du judaïsme et annoncer le règne de Dieu aussi chez les païens. On se souvient que, déjà, le livre de Ruth avait rappelé qu'une femme étrangère pouvait redonner un élan de vie au peuple en perte de vitalité. Ruth, une aïeule de Jésus ! ■**

***Roselyne Dupont-Roc**, bibliste*

# VENDREDI 9 FÉVRIER 2024

5E SEMAINE DU TEMPS ORDINAIRE COULEUR LITURGIQUE : VERT

**Temps ordinaire,** *suggestion d'oraisons et d'antiennes n° 20*

*Antienne d'ouverture*

**Dieu, notre protecteur, regarde :**
**vois le visage de ton Christ ;**
**un jour dans tes parvis**
**en vaut plus que mille.**
(cf. Ps 83, 10-11)

*Prière*

Pour ceux qui t'aiment, Seigneur Dieu, tu as préparé des biens que l'œil ne peut voir : répands en nos cœurs la ferveur de ta charité, afin que t'aimant en toute chose et par-dessus tout, nous obtenions de toi l'héritage promis qui surpasse tout désir. Par Jésus… ***— Amen.***

## Lecture

du premier livre des Rois (11, 29-32 ; 12, 19)

*« Israël rejeta la maison de David »*

Salomon avait fait de Jéroboam un inspecteur des corvées. Un jour que Jéroboam était sorti de Jérusalem, il fut arrêté en chemin **par le prophète Ahias de Silo ; celui-ci portait un manteau neuf, et tous deux étaient seuls dans la campagne. Ahias prit le manteau neuf qu'il portait et**

le déchira en douze morceaux. Puis il dit à Jéroboam : « Prends pour toi dix morceaux, car ainsi parle le Seigneur, Dieu d'Israël : Voici que je vais déchirer le royaume en l'arrachant à Salomon, et je te donnerai dix tribus. Il lui restera une tribu, à cause de mon serviteur David, et de Jérusalem, la ville que je me suis choisie parmi toutes les tribus d'Israël. » Les dix tribus d'Israël rejetèrent la maison de David, et cette situation dure encore aujourd'hui où ceci est écrit.
– Parole du Seigneur.

## *Psaume* 80 (81)

℟ ***C'est moi, le Seigneur ton Dieu : écoute, je t'adjure, ô mon peuple.***

« Tu n'auras pas chez toi d'autres dieux,
tu ne serviras aucun dieu étranger.
C'est moi, le Seigneur ton Dieu,
qui t'ai fait monter de la terre d'Égypte ! ℟

« Mais mon peuple n'a pas écouté ma voix,
Israël n'a pas voulu de moi.
Je l'ai livré à son cœur endurci :
qu'il aille et suive ses vues ! ℟

« Ah ! Si mon peuple m'écoutait,
Israël, s'il allait sur mes chemins !
Aussitôt j'humilierais ses ennemis,
contre ses oppresseurs
je tournerais ma main. » ℟

### *Acclamation de l'Évangile*

***Alléluia. Alléluia.*** Seigneur, ouvre notre cœur pour nous rendre attentifs aux paroles de ton Fils. ***Alléluia.***

## *Évangile de Jésus Christ*

selon saint Marc (7, 31-37)

*« Il fait entendre les sourds et parler les muets »*

En ce temps-là, Jésus quitta le territoire de Tyr ; passant par Sidon, il prit la direction de la mer de Galilée et alla en plein territoire de la Décapole. Des gens lui amènent un sourd qui avait aussi de la difficulté à parler, et supplient Jésus de poser la main sur lui. Jésus l'emmena à l'écart, loin de la foule, lui mit les doigts dans les oreilles, et, avec sa salive, lui toucha la langue. Puis, les yeux levés au ciel, il soupira et lui dit : « *Effata !* », c'est-à-dire : « Ouvre-toi ! » Ses oreilles s'ouvrirent ; sa langue se délia, et il parlait correctement. Alors Jésus leur ordonna de n'en rien dire à personne ; mais plus il leur donnait cet ordre, plus ceux-ci le proclamaient. Extrêmement frappés, ils disaient : « Il a bien fait toutes choses : il fait entendre les sourds et parler les muets. »



### *Prière sur les offrandes*

Accueille, Seigneur, ce que nous présentons pour cette eucharistie où s'accomplit un admirable échange : en offrant ce que tu nous as donné, puissions-nous te recevoir toi-même. Par le Christ, notre Seigneur. — ***Amen.***

### *Antienne de la communion*

Oui, près du Seigneur est
la miséricorde ; près de lui
abonde le rachat. (cf. Ps 129, 7)

*OU*
Je suis le pain vivant,
qui est descendu du ciel,
dit le Seigneur;
si quelqu'un mange de ce pain,
il vivra éternellement.
(Jn 6, 51)

***Prière après la communion***

Par ces sacrements, Seigneur, tu nous as unis au Christ, et nous implorons humblement ta bonté : sur la terre, transforme-nous à son image, pour que nous puissions partager sa vie dans le ciel. Lui qui… ***– Amen.***

## INVITATION

En prévision du Dimanche de la santé, le 11 février, je peux confier à Jésus les soignants, les aidants, les visiteurs de personnes malades, les équipes d'aumônerie…

## COMMENTAIRE

**Re-Création**

Marc 7, 31-37

**Littéralement : « Il a fait toutes choses bonnes. » L'adjectif grec employé ici renvoie à la Genèse, quand Dieu s'émerveille de sa création : « Il vit que cela était très bon » (Gn 1, 31). Ainsi la guérison de l'homme fait signe vers une recréation, celle-là même qui nous est offerte dans le baptême. Pour cela, Jésus emmène le muet à l'écart, le sépare de ses proches, lui offrant d'habiter sa singularité et de devenir sujet de sa propre parole. Une grâce à recevoir et à cultiver tout au long de notre vie ! ■**

***Emmanuelle Billoteau****, ermite*

# SAMEDI 10 FÉVRIER 2024

5[E] SEMAINE DU TEMPS ORDINAIRE COULEUR LITURGIQUE : BLANC

**Sainte Scholastique**

*VI[e] siècle. Sœur de saint Benoît de Nursie, elle fonda un monastère au pied du Mont-Cassin. Elle est considérée comme la première moniale bénédictine.*

4 - 10

*Antienne d'ouverture*

**Au royaume de ce monde, à toute sa splendeur,**
**j'ai préféré l'amour de mon Seigneur Jésus Christ,**
**je l'ai vu, je l'ai aimé, je lui ai donné ma foi,**
**entre tous je l'ai choisi.**

*OU*

**Pour moi, comme un bel olivier dans la maison de Dieu,**
**j'espère en la miséricorde de mon Dieu, sans fin, à jamais.** (cf. Ps 51, 10)

*Prière*

En célébrant la mémoire de la bienheureuse vierge Scholastique, Seigneur, nous te prions : fais qu'à son exemple, nous te servions avec une charité sans faille et que nous obtenions avec bonheur les bienfaits de ton amour. Par Jésus… ***— Amen.***

## Lecture

du premier livre des Rois (12, 26-32 ; 13, 33-34)

*« Jéroboam fit fabriquer deux veaux en or »*

**En ces jours-là, devenu roi des dix tribus d'Israël, Jéroboam se dit : « Maintenant, le royaume risque fort de se rallier de nouveau à la maison de David. Si le peuple continue de monter à Jérusalem pour offrir des**

sacrifices dans la maison du Seigneur, le cœur de ce peuple reviendra vers son souverain, Roboam, roi de Juda, et l'on me tuera. » Après avoir tenu conseil, Jéroboam fit fabriquer deux veaux en or, et il déclara au peuple : « Voilà trop longtemps que vous montez à Jérusalem ! Israël, voici tes dieux*, qui t'ont fait monter du pays d'Égypte. » Il plaça l'un des deux veaux à Béthel, l'autre à Dane, et ce fut un grand péché.
Le peuple conduisit en procession celui qui allait à Dane. Jéroboam y établit un temple à la manière des lieux sacrés. Il institua des prêtres pris n'importe où, et qui n'étaient pas des descendants de Lévi. Jéroboam célébra la fête le quinzième jour du huitième mois, fête pareille à celle que l'on célébrait en Juda, et il monta à l'autel. Il fit de même à Béthel en offrant des sacrifices aux veaux qu'il avait fabriqués ; il établit à Béthel les prêtres des lieux sacrés qu'il avait institués. Jéroboam persévéra dans sa mauvaise conduite ; il continua d'instituer n'importe qui comme prêtres des lieux sacrés : il donnait l'investiture à tous ceux qui le désiraient, pour en faire des prêtres des lieux sacrés. Tout cela fit tomber dans le péché la maison de Jéroboam, entraîna sa ruine et provoqua sa disparition de la surface de la terre.
– Parole du Seigneur.

## *Psaume* 105 (106)

℟ ***Souviens-toi de nous, Seigneur, dans ta bienveillance pour ton peuple.***

Avec nos pères, nous av<u>o</u>ns péché,
nous avons failli et renié.

En Égypte, nos pères ont méconn<u>u</u> tes miracles,
oublié l'abond<u>a</u>nce de tes grâces. ℟

À l'Horeb ils fabriquent un veau,
ils adorent un objet en métal :
ils échangeaient ce qui était leur gloire
pour l'image d'un taureau, d'un ruminant. ℟

Ils oublient le Dieu qui les sauve,
qui a fait des prodiges en Égypte,
des miracles au pays de Cham,
des actions terrifiantes sur la mer Rouge. ℟

### *Acclamation de l'Évangile*

***Alléluia. Alléluia.*** L'homme ne vit pas seulement de pain, mais de toute parole qui sort de la bouche de Dieu. ***Alléluia.***

## *Évangile de Jésus Christ*

selon saint Marc (8, 1-10)

*« Les gens mangèrent et furent rassasiés »*

En ces jours-là, comme il y avait de nouveau une grande foule, et que les gens n'avaient rien à manger, Jésus appelle à lui ses disciples et leur dit : « J'ai de la compassion pour cette foule, car depuis trois jours déjà ils restent auprès de moi, et n'ont rien à manger. Si je les renvoie chez eux à jeun, ils vont défaillir en chemin, et certains d'entre eux sont venus de loin. » Ses disciples lui répondirent : « Où donc pourra-t-on trouver du pain pour les rassasier ici, dans le désert ? » Il leur demanda : « Combien de pains avez-vous ? » Ils lui dirent : « Sept. » Alors il ordonna à la foule de s'asseoir par terre. Puis, prenant les sept pains et rendant grâce, il les rompit, et il les donnait à ses disciples pour que ceux-ci les distribuent ; et ils les distribuèrent à la foule. Ils avaient aussi quelques petits poissons, que Jésus bénit et fit aussi distribuer. Les gens mangèrent et furent rassasiés.

On ramassa les morceaux qui restaient : cela faisait sept corbeilles. Or, ils étaient environ quatre mille. Puis Jésus les renvoya. Aussitôt, montant dans la barque avec ses disciples, il alla dans la région de Dalmanoutha.

*Prière sur les offrandes*
Consacre, Seigneur, les dons que nous te présentons avec ferveur, en la mémoire de sainte Scholastique, toi qui nous enseignes, grâce au réconfort que tu nous donnes maintenant, à ne jamais désespérer des promesses éternelles. Par le Christ, notre Seigneur. ***— Amen.***

*Antienne de la communion*
Une seule chose est nécessaire.
Elle a choisi la meilleure part, celle
qui ne lui sera pas enlevée. (Lc 10, 42)
*OU*
D'heureuses paroles jaillissent
de mon cœur quand je dis
mes poèmes pour le roi. (Ps 44, 2)

*Prière après la communion*
Tu nous as recréés, Seigneur, aux sources du salut, et nous te supplions humblement : à l'intercession de sainte Scholastique, rends-nous capables, par un attachement de jour en jour plus intime au Christ, d'avoir part à la grâce dans son Royaume. Lui qui… ***— Amen.***

**INVITATION**
Sainte Scholastique, fêtée ce jour, a fondé le premier monastère féminin à adopter la règle de saint Benoît. C'est l'occasion de prier pour les religieux de l'ordre bénédictin.

## COMMENTAIRE

### Un amour illimité

Marc 8, 1-10

**L'évangile de ce jour est-il une simple redite du récit de la multiplication des pains de Marc (Mc 6, 34-44) ? Non, car le texte présente des différences significatives : foule païenne et non juive ; initiative de Jésus et non des disciples ; compassion face à la faiblesse des personnes et non face à l'égarement des brebis. L'amour de Dieu, manifesté dans le Christ, n'a pas de limite. Ainsi sommes-nous appelés à élargir l'espace de nos tentes avec le discernement que donne l'Esprit Saint. ■**

***Emmanuelle Billoteau,*** *ermite*



## ❊ CLÉ DE LECTURE

### « Voici tes dieux »

1 Rois 12, 28 *(p. 76)*

**L'acclamation « voici tes dieux » reprend exactement les paroles d'Aaron lors de la fabrication du veau d'or dans le désert (Ex 32, 4). Les deux textes doivent être lus en parallèle. La séparation définitive des deux royaumes après la mort de Salomon est relue comme un schisme religieux et un retour de ceux du Nord à l'idolâtrie – le culte du taureau, symbole de force et de fécondité. Le récit du désert mettait en relief la volonté de se faire un dieu à son image, un dieu qui marche « à notre tête » (cf. Ex 32, 1) et sur lequel on puisse avoir barre, que l'on puisse prier voire plier à sa volonté. La Bible nous met ainsi en garde : quiconque s'approprie l'idée ou la représentation de Dieu va au désastre, au schisme et à la mort. Dieu reste le Tout-Autre. ■**

***Roselyne Dupont-Roc,*** *bibliste*

# DIMANCHE 11 FÉVRIER 2024

## 6E DIMANCHE DU TEMPS ORDINAIRE

### ANNÉE B – COULEUR LITURGIQUE : VERT

**De quelle lèpre voulons-nous être guéris ?** Si cette maladie infectieuse n'est plus très fréquente dans nos pays occidentaux, c'est notre vie spirituelle qui est parfois atteinte de toutes sortes de maux. Mais la miséricorde du Seigneur est toujours offerte à ceux qui le supplient. Puisse-t-elle, aujourd'hui, renouveler nos cœurs et nos vies.

## RITES INITIAUX

***Chant d'entrée*** *(Suggestions p. 243)*
*OU*
***Antienne d'ouverture***
Sois pour moi le Dieu qui protège, un lieu de refuge pour me sauver. Car tu es mon appui et mon refuge : à cause de ton nom, tu seras mon guide et tu me nourriras. (cf. Ps 30, 3-4)

***Suggestion de préparation pénitentielle*** *(ou p. 211)*
Frères et sœurs, préparons-nous à célébrer le mystère de l'eucharistie en confessant nos péchés et notre foi en l'amour du Père.
***— Je confesse à Dieu tout-puissant...***

*(AL63-09 ; Messe pour les Bienheureux Louis et Zélie Martin ; T. AELF ; M : A.-M. Hue ; ADF Musique)*

Seigneur Jésus, envoyé par le Père pour guérir et sauver les hommes. ***— Kyrie, eleison.*** *(ter)*
Ô Christ, venu dans le monde appeler tous les pécheurs.
***— Christe eleison.*** *(ter)*
Seigneur, élevé dans la gloire du Père, où tu intercèdes pour nous.
***— Kyrie, eleison.*** *(ter)*

Que Dieu tout-puissant nous fasse miséricorde ; qu'il nous pardonne nos péchés et nous conduise à la vie éternelle. ***— Amen.***

*Gloire à Dieu* (p. 213)

*Prière*

Seigneur Dieu, tu as promis d'habiter les cœurs droits et sincères ; donne-nous, par ta grâce, de vivre de telle manière que tu puisses faire en nous ta demeure. Par Jésus… – ***Amen.***

## LITURGIE DE LA PAROLE

### *Lecture* du livre des Lévites (13, 1-2.45-46)

*« Le lépreux habitera à l'écart, son habitation sera hors du camp »*

**Le Seigneur parla à Moïse et à son frère Aaron, et leur dit : « Quand un homme aura sur la peau une tumeur, une inflammation ou une pustule, qui soit une tache de lèpre, on l'amènera au prêtre Aaron ou à l'un des prêtres ses fils. Le lépreux atteint d'une tache portera des vêtements déchirés et les cheveux en désordre, il se couvrira le haut du visage jusqu'aux lèvres, et il criera : "Impur ! Impur !" Tant qu'il gardera cette tache, il sera vraiment impur. C'est pourquoi il habitera à l'écart, son habitation sera hors du camp. »**

– Parole du Seigneur.

## Psaume 31 (32)

**℟ *Tu es un refuge pour moi ; de chants de délivrance, tu m'as entouré.***

*T. : AELF ; M. : M. Wackenheim ; Éd. : ADF.*

Heureux l'homme dont la faute est enlevée,
et le péché remis !
Heureux l'homme dont le Seigneur ne retient pas l'offense,
dont l'esprit est sans fraude ! ℟

Je t'ai fait connaître ma faute,
je n'ai pas caché mes torts.
J'ai dit : « Je rendrai grâce au Seigneur
en confessant mes péchés. » ℟

Retrouvez ce psaume sur le CD "Les psaumes de l'année B"

℟ ***Tu es un refuge pour moi ; de chants de délivrance, tu m'as entouré.***

Toi, tu as enlevé l'offense de ma faute.
Que le Seigneur soit votre joie !
Exultez, hommes justes !
Hommes droits, chantez votre allégresse ! ℟

***Lecture*** de la première lettre de saint Paul apôtre aux Corinthiens (10, 31 – 11, 1)

*« Imitez-moi, comme moi aussi j'imite le Christ »*

**Frères, tout ce que vous faites : manger, boire, ou toute autre action, faites-le pour la gloire de Dieu. Ne soyez un obstacle pour personne, ni pour les Juifs, ni pour les païens, ni pour l'Église de Dieu. Ainsi, moi-même, en toute circonstance, je tâche de m'adapter à tout le monde, sans chercher mon intérêt personnel, mais celui de la multitude des hommes, pour qu'ils soient sauvés. Imitez-moi, comme moi aussi j'imite le Christ.**
– Parole du Seigneur.

### *Acclamation de l'Évangile*

***Alléluia. Alléluia.*** Un grand prophète s'est levé parmi nous, et Dieu a visité son peuple. ***Alléluia.***

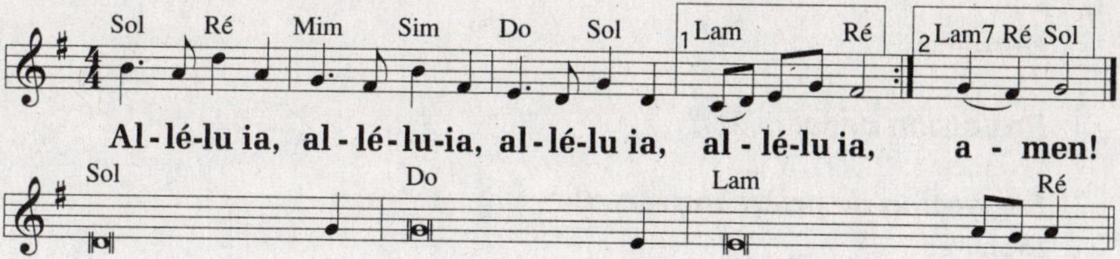


*U29; M. : J.-J. Roux; SM; Psalmodie : M. Wackenheim; Bayard Liturgie.*

## *Évangile de Jésus Christ* selon saint Marc (1, 40-45)

*« La lèpre le quitta et il fut purifié »*

En ce temps-là, un lépreux vint auprès de Jésus ; il le supplia et, tombant à ses genoux, lui dit : « Si tu le veux, tu peux me purifier. » Saisi de compassion, Jésus étendit la main, le toucha et lui dit : « Je le veux, sois purifié. » À l'instant même, la lèpre le quitta et il fut purifié. Avec fermeté, Jésus le renvoya aussitôt en lui disant : « Attention, ne dis rien à personne, mais va te montrer au prêtre, et donne pour ta purification ce que Moïse a prescrit dans la Loi : cela sera pour les gens un témoignage. » Une fois parti, cet homme se mit à proclamer et à répandre la nouvelle, de sorte que Jésus ne pouvait plus entrer ouvertement dans une ville, mais restait à l'écart, dans des endroits déserts. De partout cependant on venait à lui.

## *Homélie*

## *Profession de foi* *(p. 214)*

## *Suggestion de prière universelle*

*Le prêtre :*

En ce Dimanche de la santé, confions au Père de toute miséricorde, les malades, les blessés de la vie, les personnes en détresse et tous les habitants du monde.

℟ ***Pleins de confiance, nous te prions, Seigneur.***

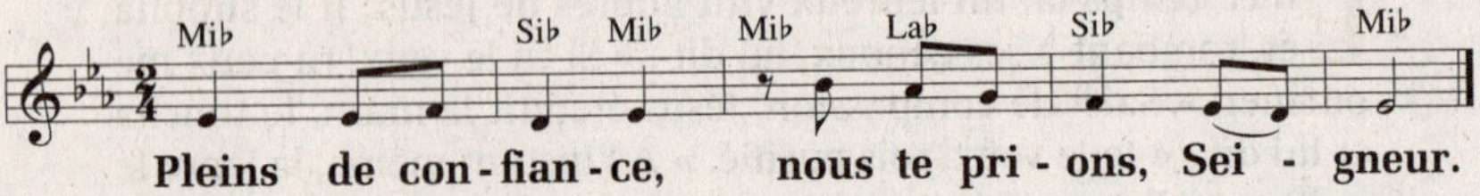


*Z 129-20.*

*Le diacre ou un lecteur :*

Donne à ton Église, Seigneur, la joie d'annoncer l'Évangile à tous les hommes. Que ta Bonne Nouvelle parvienne en tous lieux d'humanité, nous t'en supplions. ℟

Guide et soutiens, Seigneur, l'Organisation mondiale de la santé. Qu'elle réalise des choix utiles au plus grand nombre, nous t'en supplions. ℟

Révèle ta lumière, Seigneur, à tous les acteurs de la santé, professionnels et bénévoles. Qu'ils soient réconfortés par ta tendresse, Seigneur, nous t'en supplions. ℟

Aide-nous à prendre soin des personnes malades en phase terminale et de leurs familles. Qu'ils aient un accompagnement médical et humain de qualité. Seigneur, avec le pape François, nous t'en supplions. ℟

*(Ces intentions seront adaptées ou modifiées selon les circonstances.)*

*Le prêtre :*

Aux malades et à tous les fidèles, Dieu notre Père, tends une main secourable. Accorde-leur l'espérance du salut et exauce toutes leurs prières, par le Christ, notre Seigneur. ***— Amen.***

## LITURGIE EUCHARISTIQUE

### *Prière sur les offrandes*

Que cette offrande, nous t'en prions, Seigneur, nous purifie et nous renouvelle ; qu'elle devienne pour ceux qui accomplissent ta volonté la cause de la récompense éternelle. Par le Christ, notre Seigneur.
***— Amen.***

### *Prière eucharistique* *(Préface des dimanches, p. 219)*

### *Chant de communion* *(Suggestions p. 243)*

*OU*

***Antienne de la communion***

Ils mangèrent, ils furent rassasiés,
Dieu comblait leur désir,
leur attente ne fut pas trompée.
(Ps 77, 29-30)

*OU*

Dieu a tant aimé le monde qu'il a donné son Fils unique :
ainsi, celui qui croit en lui ne périra pas,
mais il obtiendra la vie éternelle.
(Jn 3, 16)

***Prière après la communion***

Tu nous as fait goûter, Seigneur, aux joies du ciel, et nous te prions : donne-nous de toujours désirer ce qui nous fait vivre en vérité. Par le Christ, notre Seigneur. – ***Amen.***

## RITE DE CONCLUSION

***Bénédiction***

***Envoi***

**COMMENTAIRE DU DIMANCHE**
**Vincent Leclercq,** prêtre assomptionniste

# Le courage du lépreux

L'inconvénient des maladies de peau est qu'elles sont visibles. La lèpre provoque des taches blanches évoquant l'aspect d'un enfant mort-né. Le lépreux fait immédiatement penser à la mort. Miroir de l'âme, son corps malade évoque aussi le péché. Il subit donc une double peine. Souffrant déjà dans sa chair, il devient un paria pour la société. Il lui faut un courage immense pour aller à la rencontre Jésus.
L'audace de Jésus n'est pas moindre puisqu'il le laisse approcher. Touché par son cri, il veut le purifier et lui dire combien il est digne de l'amour de Dieu. Pour cela, il doit d'abord trouver le prêtre pour reprendre sa place dans le village et ensuite laisser Jésus lui transmettre secrètement sa vie. Sur la Croix, Jésus ira jusqu'à prendre sa place de souffrant et de rejeté. Il lui •••

••• ressemble déjà puisque, comme lui, il ne peut plus circuler librement. La maladie ne concerne pas seulement les personnes malades ou les soignants. Elle est une construction sociale dans laquelle chacun est impliqué. La rencontre des plus fragiles a la capacité de changer notre regard sur la maladie, le handicap ou le vieillissement. La pastorale de la santé reçoit la belle mission de redonner de l'espérance aux malades mais aussi d'espérer en eux. Tout l'art d'une visite, d'un regard, d'une parole est d'offrir aux malades la certitude de compter encore pour quelqu'un. Jésus transmettait cette vie et « de partout, on venait à lui ».

~

En ce Dimanche de la santé, comment concrètement suis-je présent auprès de ceux qui souffrent ?

Comment ma propre relation avec les personnes malades m'aide-t-elle à mieux comprendre l'Évangile ? ■

PrionsenÉglise
junior

## LIRE L'ÉVANGILE AVEC LES ENFANTS

### CE QUE JE DÉCOUVRE

Au temps de Jésus, le lépreux est mis à l'écart, car il est contagieux. Mais Jésus n'a pas peur et il ose le toucher. L'amour de Dieu va guérir le lépreux. **C'est la même chose pour nous : l'amour de Dieu peut guérir les blessures de notre cœur.** Alors, comme le lépreux, nous retrouvons notre joie de vivre. Nous avons envie de dire à tout le monde les merveilles de Dieu.

### CE QUE JE VIS

Parfois, on peut se sentir à l'écart...
Te rappelles-tu si quelqu'un t'a permis de revenir dans un groupe ?
Qu'a-t-il dit ? Qu'a-t-il fait ?
**Quand tu parles à Jésus, sois plein de confiance. Dis-lui tes peines et tes soucis.**

Texte : Patricia Metzger. Illustrations : Marcelino Truong

## MÉDITATION BIBLIQUE

**6E DIMANCHE DU TEMPS ORDINAIRE**

Évangile selon saint Marc 1, 40-45

# Réduire la fracture

**Dans le récit évangélique de ce jour, Jésus fait preuve de courage physique, politique et religieux.**

## Le temps de la préparation

**« Des hauteurs, son sanctuaire, le Seigneur s'est penché ; du ciel, il regarde la terre pour entendre la plainte des captifs et libérer ceux qui devaient mourir. » (Ps 101, 20)**

## Le temps de l'observation

Les questions de pureté fracturent le paysage social, humain, religieux. Être impur c'est se retrouver du côté de la mort et le signifier aux autres. Les lépreux rentrent dans cette catégorie. Ils sont exclus du lien social et, comble de la tragédie, doivent eux-mêmes collaborer à cette mise à l'écart en criant aux personnes qu'ils rencontrent : « Impur ! Impur ! » Non content de les enfermer pour des questions symboliques dans leur statut de personnes malades, il leur est demandé de s'autodésigner dans cette appartenance. Si on peut comprendre les périmètres de sécurité nécessaires à toute maladie contagieuse, ce processus de mise à distance des personnes est plus difficile à concevoir. Jésus ne s'embarrasse pas de ces consignes. Il outrepasse la distance de sécurité établie : physiquement, en mettant en danger sa vie, symboliquement, en se rapprochant des parias.

## Le temps de la méditation

Jésus revendique ce processus de réintégration sociale des personnes impures. Il en fera un des signes en acte du Royaume. « Les aveugles retrouvent la vue, et les boiteux marchent, les lépreux sont purifiés, et les sourds entendent, les morts ressuscitent, et les pauvres reçoivent la Bonne Nouvelle » (Mt 11, 5). La réintégration des lépreux dans le corps social par la guérison et par le refus de l'exclusion est un des signes du royaume de Dieu sur terre. Aujourd'hui la maladie, comme l'appartenance à certaines catégories, peut toujours constituer un facteur d'exclusion. Si dans l'Église le pur et l'impur ne sont plus des catégories valides, l'exclusion reste une menace qui concerne chacune de nos communautés. Jésus passe son temps à réduire les fractures, à diminuer les écarts théoriquement infranchissables qui séparent les uns et les autres. La fidélité à l'Évangile demande simplement de ne plus faire de nos écarts un motif de rejet.

## Le temps de la prière

**« Seigneur, entends ma prière : que mon cri parvienne jusqu'à toi ! Ne me cache pas ton visage le jour où je suis en détresse ! Le jour où j'appelle, écoute-moi ; viens vite, réponds-moi ! » (Ps 101, 2-3)** ■

**Marie-Laure Durand,**
bibliste

L'ÉVÉNEMENT

11 FÉVRIER : DIMANCHE DE LA SANTÉ

# Le Dimanche de la santé

**Le thème de l'année 2024 du Dimanche de la santé est « De partout on venait à lui » (Mc 1, 45). Ayant lieu le dimanche le plus proche de Notre-Dame de Lourdes, les paroisses sont chaleureusement invitées à rendre grâce pour l'ensemble du corps médical.**

Cette année encore, une quinzaine de résidents de l'Ehpad de Landerneau se rendent à l'église Saint-Houardon pour la messe du Dimanche de la santé. Le personnel soignant de la ville bretonne et les bénévoles y sont également conviés. Cette célébration eucharistique se conclut par une bénédiction spéciale adressée aux professionnels de santé, voulue par le vicaire de la paroisse, explique la responsable d'aumônerie de l'hôpital et de l'Ehpad, Myriam Blond.

Depuis 2020, la paroisse de Landerneau « met en avant les soignants » lors de sa messe dominicale, qui a lieu à 10 h 30. « Dans le contexte actuel, il est important de penser à ceux qui vivent le service du prochain au quotidien. D'un point de vue sociétal, que serait le monde sans soignants ? », souligne Myriam qui entame sa neuvième année de service.

Concrètement, la messe, préparée en amont avec certains résidents de l'Ehpad, est célébrée par le vicaire en charge de la diaconie dans sa paroisse. Un partage sur les textes du jour est réalisé avec les résidents de l'Ehpad avant le dimanche en question. Le vicaire apprécie ce temps de réflexion en amont du Dimanche de la santé. Selon Myriam Blond, « il s'inspire de ce qu'il a entendu pour préparer son homélie ». ■

**Anne-Quitterie Jozeau**

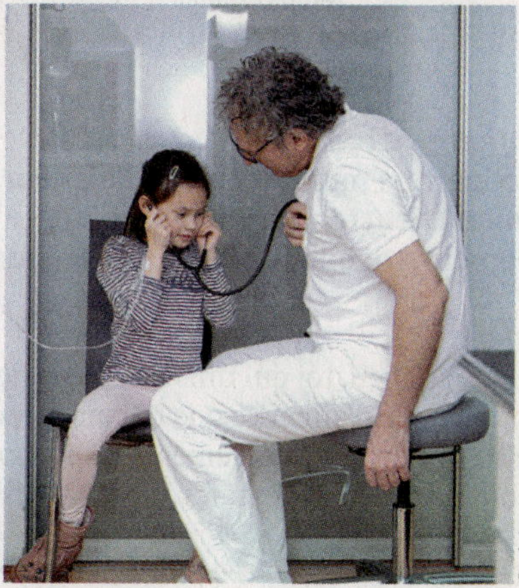

© plainpicture.com



## L'ORIGINE DU DIMANCHE DE LA SANTÉ

Le Dimanche de la santé a lieu autour du 11 février, Journée mondiale des personnes malades instaurée par l'Église en 1992. C'est l'occasion de prier à la fois pour les soignants, les bénévoles des établissements de santé et les personnes malades.

# LUNDI 12 FÉVRIER 2024

**6E SEMAINE DU TEMPS ORDINAIRE COULEUR LITURGIQUE : VERT**

**Temps ordinaire,** *suggestion d'oraisons et d'antiennes n° 21*

### *Antienne d'ouverture*

**Incline vers moi ton oreille, Seigneur, exauce-moi. Sauve, ô mon Dieu, ton serviteur qui espère en toi. Prends pitié de moi, Seigneur, toi que j'appelle tout le jour.** (cf. Ps 85, 1-3)

### *Prière*

Seigneur Dieu, toi qui unis les cœurs des fidèles dans une seule volonté : donne à ton peuple d'aimer ce que tu commandes et de désirer ce que tu promets, pour qu'au milieu des changements de ce monde, nos cœurs s'établissent fermement là où se trouvent les vraies joies. Par Jésus… ***— Amen.***

## *Lecture*

de la lettre de saint Jacques (1, 1-11)

*« La vérification de votre foi produit l'endurance, pour que vous soyez parfaits et intègres »*

**Jacques, serviteur de Dieu et du Seigneur Jésus Christ, aux douze tribus de la Diaspora, salut ! Considérez comme une joie extrême, mes frères, de buter sur toute sorte d'épreuves. Vous le savez, une telle vérification de votre foi produit l'endurance, et l'endurance doit s'accompagner d'une action parfaite, pour que vous soyez parfaits et intègres,**

sans que rien ne vous manque. Mais si l'un de vous manque de sagesse, qu'il la demande à Dieu, lui qui donne à tous sans réserve et sans faire de reproches : elle lui sera donnée. Mais qu'il demande avec foi, sans la moindre hésitation, car celui qui hésite ressemble aux vagues de la mer que le vent agite et soulève. Qu'il ne s'imagine pas, cet homme-là, qu'il recevra du Seigneur quoi que ce soit, s'il est partagé, instable dans toute sa conduite. Que le frère d'humble condition tire sa fierté d'être élevé, et le riche, d'être humilié, car il passera comme l'herbe en fleur. En effet, le soleil s'est levé, ainsi que le vent brûlant, il a desséché l'herbe, sa fleur est tombée, la beauté de son aspect a disparu ; de même, le riche se flétrira dans toutes ses entreprises.
– Parole du Seigneur.



## *Psaume* 118 (119)

℟ ***Que vienne à moi ta tendresse, Seigneur, et je vivrai.***

Avant d'avoir souffert, je m'égarais ;
maintenant, j'observe tes ordres.
Toi, tu es bon, tu fais du bien :
apprends-moi tes commandements. ℟

C'est pour mon bien que j'ai souffert,
ainsi, ai-je appris tes commandements.
Mon bonheur, c'est la loi de ta bouche,
plus qu'un monceau d'or ou d'argent. ℟

Seigneur, je le sais,
tes décisions sont justes ;
tu es fidèle quand tu m'éprouves.
Que j'aie pour consolation ton amour
selon tes promesses à ton serviteur ! ℟

# LUNDI 12 FÉVRIER 2024

## *Acclamation de l'Évangile*

***Alléluia. Alléluia.*** Moi, je suis le Chemin, la Vérité et la Vie, dit le Seigneur. Personne ne va vers le Père sans passer par moi. ***Alléluia.***

## *Évangile de Jésus Christ*

selon saint Marc (8, 11-13)

*« Pourquoi cette génération cherche-t-elle un signe ? »*

**En ce temps-là, les pharisiens survinrent et se mirent à discuter avec Jésus ; pour le mettre à l'épreuve, ils cherchaient à obtenir de lui un signe venant du ciel. Jésus soupira au plus profond de lui-même et dit : « Pourquoi cette génération cherche-t-elle un signe ? Amen, je vous le déclare : aucun signe ne sera donné à cette génération. » Puis il les quitta, remonta en barque, et il partit vers l'autre rive.**

## *Prière sur les offrandes*

Par l'unique sacrifice, offert une fois pour toutes, tu t'es donné, Seigneur, le peuple que tu as adopté ; en ta bienveillance, accorde-nous la grâce de l'unité et de la paix dans ton Église. Par le Christ, notre Seigneur. — ***Amen.***

## *Antienne de la communion*

La terre se rassasie du fruit de tes
œuvres, Seigneur, tu fais produire
à la terre le pain, et le vin qui réjouit
le cœur de l'homme. (cf. Ps 103, 13-15)

*OU*

Qui mange ma chair et boit mon sang
a la vie éternelle, dit le Seigneur ;
et moi, je le ressusciterai
au dernier jour. (Jn 6, 54)

*Prière après la communion*
Que ta miséricorde agisse en nous, Seigneur, nous t'en prions, et qu'elle nous guérisse entièrement ; par ta bonté, transforme-nous et rends-nous si fervents que nous puissions te plaire en toute chose. Par le Christ, notre Seigneur. ***— Amen.***

## INVITATION

Puis-je, dans ma prière, demander « avec foi, sans la moindre hésitation » ?



## COMMENTAIRE

**Un chrétien inspirant**

Jacques 1, 1-11

**Le portrait décapant du chrétien mature brossé par Jacques nous fournit une source inépuisable d'inspiration : comme le sportif qui s'inscrit avec joie à son prochain tournoi, il envisage avec sérénité les épreuves de l'existence, convaincu que ce n'est pas Dieu qui les envoie pour nous tester. Ferme, patient, cohérent et humble, il se sait à l'école de la vie et compte sur la sagesse de Dieu. ■**

***Jean-Marc Liautaud,*** *Fondacio*

# MARDI 13 FÉVRIER 2024

6ᴱ SEMAINE DU TEMPS ORDINAIRE COULEUR LITURGIQUE : VERT

**Temps ordinaire,** *suggestion d'oraisons et d'antiennes n° 22*

### *Antienne d'ouverture*

**Prends pitié de moi, Seigneur, car j'ai crié vers toi tout le jour,**
**toi qui es bon et qui pardonnes,**
**plein de miséricorde pour tous ceux qui t'appellent.**
(cf. Ps 85, 3.5)

### *Prière*

Dieu de l'univers, de qui vient tout don parfait, enracine en nos cœurs l'amour de ton nom ; augmente notre foi pour développer ce qui est bon en nous ; veille sur nous avec sollicitude pour protéger ce que tu as fait grandir. Par Jésus…
***— Amen.***

## *Lecture*

de la lettre de saint Jacques (1, 12-18)

*« Dieu ne tente personne »*

Heureux l'homme qui supporte l'épreuve avec persévérance, car, sa valeur une fois vérifiée, il recevra la couronne de la vie promise à ceux qui aiment Dieu. Dans l'épreuve de la tentation, que personne ne dise : « Ma tentation vient de Dieu. » Dieu, en effet, ne peut être tenté de faire le mal, et lui-même ne tente personne. Chacun est tenté par sa propre convoitise qui l'entraîne et le séduit. Puis la convoitise conçoit et enfante le péché, et le péché, arrivé à son terme, engendre la mort. Ne vous y trompez pas, mes frères bien-aimés, les présents les meilleurs, les dons parfaits, proviennent tous d'en haut, ils descendent d'auprès du Père des lumières, lui qui n'est pas, comme les astres, sujet au mouvement périodique ni aux éclipses. Il a voulu nous engendrer par sa parole de vérité, pour faire de nous comme les prémices de toutes ses créatures. – Parole du Seigneur.

## *Psaume* 93 (94)

℟ ***Heureux l'homme que tu châties, Seigneur.***

Heureux l'homme que tu châti<u>e</u>s, Seigneur,
celui que tu ens<u>e</u>ignes par ta loi,
pour le garder en paix aux jo<u>u</u>rs de malheur,
tandis que se creuse la f<u>o</u>sse de l'impie. ℟

Car le Seigneur ne délaisse p<u>a</u>s son peuple,
il n'abandonne p<u>a</u>s son domaine :
on jugera de nouveau sel<u>o</u>n la justice ;
tous les hommes dr<u>o</u>its applaudiront. ℟

Quand je dis : « Mon pi<u>e</u>d trébuche ! »
ton amour, Seigne<u>u</u>r, me soutient.
Quand d'innombrables souc<u>i</u>s
m'envahissent,
tu me réconf<u>o</u>rtes et me consoles. ℟



## *Acclamation de l'Évangile*

***Alléluia. Alléluia.*** Si quelqu'un m'aime, il gardera ma parole, dit le Seigneur ; mon Père l'aimera, et nous viendrons vers lui. ***Alléluia.***

## *Évangile de Jésus Christ*

selon saint Marc (8, 14-21)

*« Prenez garde au levain des pharisiens et au levain d'Hérode ! »*

En ce temps-là, les disciples avaient oublié d'emporter des pains ; ils n'avaient qu'un seul pain avec eux dans la barque. Or Jésus leur faisait cette recommandation : « Attention ! Prenez garde au levain des pharisiens et au levain d'Hérode ! » Mais ils discutaient entre eux sur ce manque de pains. Jésus s'en rend compte et leur dit : « Pourquoi discutez-vous sur ce manque de pains ? Vous ne saisissez pas ? Vous ne comprenez pas encore ? Vous avez le cœur endurci ? Vous avez des yeux et vous ne voyez pas, vous avez des oreilles et vous n'entendez pas ! Vous ne vous rappelez pas ? Quand j'ai rompu les cinq pains pour cinq mille personnes, combien avez-vous ramassé de paniers pleins de morceaux ? » Ils lui répondirent : « Douze. – Et quand j'en ai rompu sept pour quatre mille, combien avez-vous rempli de corbeilles en ramassant les morceaux ? » Ils lui répondirent : « Sept. » Il leur disait : « Vous ne comprenez pas encore ? »

## *Prière sur les offrandes*

Que cette offrande sainte nous apporte à jamais, Seigneur, la bénédiction du salut, afin qu'elle donne toute sa force à ce qu'elle accomplit dans le sacrement. Par le Christ, notre Seigneur. — ***Amen.***

*Antienne de la communion*

Qu'ils sont grands, tes bienfaits,
Seigneur ! Tu les réserves
à ceux qui te craignent. (Ps 30, 20)

*OU*

Heureux les artisans de paix,
car ils seront appelés fils de Dieu.
Heureux ceux qui sont persécutés
pour la justice, car le royaume
des Cieux est à eux. (Mt 5, 9-10)

*Prière après la communion*

Rassasiés par le pain reçu à la table du ciel, nous te prions, Seigneur : que cette nourriture fortifie en nos cœurs la charité, et nous stimule à te servir dans nos frères. Par le Christ, notre Seigneur. ***— Amen.***



## INVITATION

Et si j'apportais des crêpes à une personne isolée, en ce jour de Mardi gras ?

## COMMENTAIRE

### L'épreuve du manque

Marc 8, 14-21

**La vie nous confronte parfois à nos limites ou à nos propres incohérences, nous mettant alors à l'épreuve. Dieu n'est pas là pour nous tenter mais pour nous soutenir dans ces traversées où il s'agit de comprendre qu'il ne veut que la vie pour nous, malgré le manque qui nous assiège et nous fait perdre pied. C'est à un tel type d'épreuve que les disciples sont confrontés dans l'évangile de ce jour. ■**

***Jean-Marc Liautaud,*** *Fondacio*

# MERCREDI 14 FÉVRIER 2024

## MERCREDI DES CENDRES

**ANNÉE B** - COULEUR LITURGIQUE : VIOLET

**Rendez-vous secret.** Voici le top départ du Carême, le grand retour vers l'essentiel, vers le cœur de la foi et de la charité. « Revenez à moi de tout votre cœur ! » « Laissez-vous réconcilier avec Dieu. » L'aumône, la prière et le jeûne nous aideront à avancer, à grandir. Non pour gagner quelques mérites, mais pour être là, « dans le secret », au plus près de l'amour du Père.

## RITES INITIAUX

***Chant d'entrée*** *(Suggestions p. 243)*
*OU*
***Antienne d'ouverture***
Seigneur, tu as pitié de tous les hommes,
et tu n'as de répulsion envers aucune de tes œuvres ;
tu fermes les yeux sur leurs péchés :
pour qu'ils se convertissent, et tu leur pardonnes,
car tu es le Seigneur notre Dieu.
(cf. Sg 11, 23.24.26)

*À la messe où l'on impose les cendres, on omet la préparation pénitentielle.*

***Prière***
Accorde-nous, Seigneur, de savoir commencer saintement par le jeûne l'entraînement au combat spirituel : que nos privations nous rendent plus forts pour lutter contre l'esprit du mal. Par Jésus…
***— Amen.***

## LITURGIE DE LA PAROLE

### *Lecture* du livre du prophète Joël (2, 12-18)

*« Déchirez vos cœurs et non pas vos vêtements »*

Maintenant – oracle du Seigneur – revenez à moi de tout votre cœur, dans le jeûne, les larmes et le deuil ! Déchirez vos cœurs et non pas vos vêtements, et revenez au Seigneur votre Dieu, car il est tendre et miséricordieux, lent à la colère et plein d'amour, renonçant au châtiment. Qui sait ? Il pourrait revenir, il pourrait renoncer au châtiment, et laisser derrière lui sa bénédiction : alors, vous pourrez présenter offrandes et libations au Seigneur votre Dieu. Sonnez du cor dans Sion : prescrivez un jeûne sacré, annoncez une fête solennelle, réunissez le peuple, tenez une assemblée sainte, rassemblez les anciens, réunissez petits enfants et nourrissons ! Que le jeune époux sorte de sa maison, que la jeune mariée quitte sa chambre ! Entre le portail et l'autel, les prêtres, serviteurs du Seigneur, iront pleurer et diront : « Pitié, Seigneur, pour ton peuple, n'expose pas ceux qui t'appartiennent à l'insulte et aux moqueries des païens ! Faudra-t-il qu'on dise : "Où donc est leur Dieu ?" »

Et le Seigneur s'est ému en faveur de son pays, il a eu pitié de son peuple.

– Parole du Seigneur.

## *Psaume* 50 (51)

**℟ *Pitié, Seigneur, car nous avons péché !***

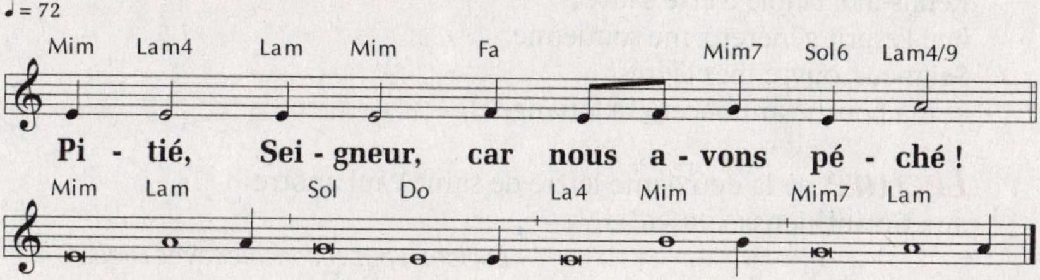


*T. : AELF ; M. : J.-P. Hervy ; Éd. : ADF.*

Pitié pour moi, mon Dieu, dans ton amour,
selon ta grande miséricorde, efface mon péché.
Lave-moi tout entier de ma faute,
purifie-moi de mon offense. ℟

Oui, je connais mon péché,
ma faute est toujours devant moi.
Contre toi, et toi seul, j'ai péché,
ce qui est mal à tes yeux, je l'ai fait. ℟

Crée en moi un cœur pur, ô mon Dieu,
renouvelle et raffermis au fond de moi mon esprit.
Ne me chasse pas loin de ta face,
ne me reprends pas ton esprit saint. ℟

Retrouvez ce psaume sur le CD "Les psaumes de l'année B"

℟ ***Pitié, Seigneur, car nous avons péché !***

Rends-moi la joie d'être sauvé ;
que l'esprit généreux me soutienne.
Seigneur, ouvre mes lèvres,
et ma bouche annoncera ta louange. ℟

## *Lecture* de la deuxième lettre de saint Paul apôtre aux Corinthiens (5, 20 – 6, 2)

*« Laissez-vous réconcilier avec Dieu.*
*Voici maintenant le moment favorable »*

**Frères, nous sommes les ambassadeurs du Christ, et par nous c'est Dieu lui-même qui lance un appel : nous le demandons au nom du Christ, laissez-vous réconcilier* avec Dieu. Celui qui n'a pas connu le péché, Dieu l'a pour nous identifié au péché, afin qu'en lui nous devenions justes de la justice même de Dieu. En tant que coopérateurs de Dieu, nous vous exhortons encore à ne pas laisser sans effet la grâce reçue de lui. Car il dit dans l'Écriture : *Au moment favorable je t'ai exaucé, au jour du salut je t'ai secouru.* Le voici maintenant le moment favorable, le voici maintenant le jour du salut.**
– Parole du Seigneur.

## *Acclamation de l'Évangile*

***Ta Parole, Seigneur, est vérité, et ta loi, délivrance.*** Aujourd'hui, ne fermez pas votre cœur, mais écoutez la voix du Seigneur. ***Ta Parole, Seigneur, est vérité, et ta loi, délivrance.***

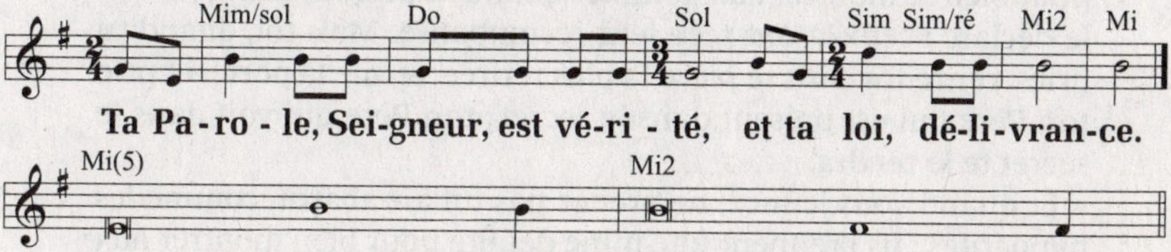


*T. : AELF; M. : P. Robert.*

## Évangile de Jésus Christ selon saint Matthieu (6, 1-6.16-18)

*« Ton Père qui voit dans le secret te le rendra »*

En ce temps-là, Jésus disait à ses disciples : « Ce que vous faites pour devenir des justes, évitez de l'accomplir devant les hommes pour vous faire remarquer. Sinon, il n'y a pas de récompense pour vous auprès de votre Père qui est aux cieux.

« Ainsi, quand tu fais l'aumône, ne fais pas sonner la trompette devant toi, comme les hypocrites qui se donnent en spectacle dans les synagogues et dans les rues, pour obtenir la gloire qui vient des hommes. Amen, je vous le déclare : ceux-là ont reçu leur récompense. Mais toi, quand tu fais l'aumône, que ta main gauche

ignore ce que fait ta main droite, afin que ton aumône reste dans le secret ; ton Père qui voit dans le secret te le rendra.
« Et quand vous priez, ne soyez pas comme les hypocrites : ils aiment à se tenir debout dans les synagogues et aux carrefours pour bien se montrer aux hommes quand ils prient. Amen, je vous le déclare : ceux-là ont reçu leur récompense. Mais toi, quand tu pries, retire-toi dans ta pièce la plus retirée, ferme la porte, et prie ton Père qui est présent dans le secret ; ton Père qui voit dans le secret te le rendra.
« Et quand vous jeûnez, ne prenez pas un air abattu, comme les hypocrites : ils prennent une mine défaite pour bien montrer aux hommes qu'ils jeûnent. Amen, je vous le déclare : ceux-là ont reçu leur récompense. Mais toi, quand tu jeûnes, parfume-toi la tête et lave-toi le visage ; ainsi, ton jeûne ne sera pas connu des hommes, mais seulement de ton Père qui est présent au plus secret ; ton Père qui voit au plus secret te le rendra. »

### *Homélie*

### *Imposition des cendres*

*Après l'homélie, le prêtre, debout et les mains jointes, dit :*

Frères et sœurs bien-aimés, supplions humblement Dieu notre Père de bénir, par l'abondance de sa grâce, les cendres dont nos fronts vont être marqués en signe de pénitence.

*Après un bref temps de prière en silence, il poursuit, les mains étendues :*

Seigneur Dieu, toi qui te laisses fléchir par ceux qui s'humilient et apaiser par ceux qui réparent leurs torts, prête une oreille bienveillante à nos prières ; en ta tendresse, répands sur tes serviteurs qui vont recevoir les cendres la grâce de ta bénédiction ✠ : par leur fidélité à l'observance de ce temps de Carême, qu'ils parviennent avec un esprit purifié à la célébration du mystère pascal de ton Fils. Lui qui… – ***Amen.***

*OU*

Seigneur Dieu, toi qui ne veux pas la mort des pécheurs mais leur conversion, exauce avec bonté notre prière, dans ta tendresse, bénis ✠ les cendres dont nous serons marqués en reconnaissant que nous sommes poussière et cendre et devons retourner en poussière. En nous appliquant à observer le Carême, puissions-nous obtenir le pardon de nos péchés et vivre de la vie nouvelle à l'image de ton Fils ressuscité. Lui qui… – ***Amen.***

*Le prêtre dépose de la cendre sur le front ou la tête des fidèles,*
*en disant à chacun :*

Convertissez-vous et croyez à l'Évangile.
(Mc 1, 15)

*OU*

Souviens-toi que tu es poussière,
et que tu retourneras en poussière.
(cf. Gn 3, 19)

*Pendant ce temps, on peut chanter le psaume 50 avec le refrain :*
*« Pitié, Seigneur, car nous avons péché ! » (p. 107),*
*ou tout autre chant qui convienne.*

## LITURGIE EUCHARISTIQUE

### *Prière sur les offrandes*

En t'offrant solennellement ce sacrifice au début du Carême, nous te supplions, Seigneur : fais que, par des actes de pénitence et de charité, nous évitions tout plaisir mauvais, et que, purifiés de nos péchés, nous méritions de célébrer avec ferveur la passion de ton Fils. Lui qui… **— *Amen.***

### *Prière eucharistique*

*(3e ou 4e préface du Carême, p. 218)*

### *Chant de communion*

*(Suggestions p. 243)*

*OU*

### *Antienne de la communion*

Qui murmure la loi du Seigneur jour et nuit
donne du fruit en son temps.
(cf. Ps 1, 2-3)

*Prière après la communion*
Puisse le sacrement que nous avons reçu, Seigneur, nous procurer ton secours, afin que notre jeûne te soit agréable et contribue à notre guérison. Par le Christ, notre Seigneur. — ***Amen.***

*Prière sur le peuple*
*Le prêtre peut dire la prière suivante :*
Dans ta bonté, Dieu souverain, répands sur ceux qui s'inclinent devant toi un esprit de contrition, afin que ta miséricorde leur obtienne la récompense promise à ceux qui font pénitence. Par le Christ, notre Seigneur. — ***Amen.***

## RITE DE CONCLUSION

*Bénédiction*

*Envoi*

### INVITATION

En ce mercredi des Cendres, je pourrais décider de réparer des liens abîmés avec une sœur ou un frère.

## COMMENTAIRE

**Rayons d'amour** Jl 2, 12-18 ; 2 Co 5, 20 – 6, 2 ; Mt 6, 1-6.16-18

Les textes de ce jour parlent clairement : aucune de nos pratiques religieuses n'achète la bonté et le pardon de Dieu, qui sont donnés sans condition. Elles ne sont pas non plus destinées à devenir des instruments de valorisation sociale par la piété. Elles nous sont proposées pour nous ajuster toujours davantage à l'amour réconciliant de Dieu, dont nous sommes invités à rayonner autour de nous. ■ *Jean-Marc Liautaud, Fondacio*

## ✻ CLÉ DE LECTURE

**« Réconcilier »** 2 Corinthiens 5, 20 *(p. 108)*

Le vocabulaire de la « réconciliation » est propre à Paul. Dans la lettre aux Romains, il l'emploie en parallèle avec le verbe « justifier » (cf.Rm 5, 16). Ici, il vient d'affirmer que Dieu, par le Christ, « se réconciliait le monde ». Le radical est celui de l'adjectif « allos », « autre » ; « réconcilier », c'est rendre « autre », « transformer ». Pour nous réconcilier avec lui, Dieu nous a rendus « autres », il nous a regardés et aimés sur le visage du Fils. Celui-ci a pris en charge notre humanité dans ce qu'elle a de plus défiguré : sur la Croix, il s'est identifié aux criminels et aux maudits. Paul n'hésite pas à affirmer : « Dieu l'a fait péché. » Ce péché qui colle à l'être humain, le Christ en porte les stigmates et le dissout dans l'amour infini du Père. ■ *Roselyne Dupont-Roc, bibliste*

# JEUDI 15 FÉVRIER 2024

**JEUDI APRÈS LES CENDRES COULEUR LITURGIQUE : VIOLET**

**Temps du Carême,** *messe de la férie*



### *Antienne d'ouverture*

**Quand je crie vers Dieu, il entend ma voix,**
**il me met à l'abri de ceux qui me poursuivent.**
**Décharge-toi de tes inquiétudes sur le Seigneur :**
**et lui-même te nourrira.** (cf. Ps 54, 17-20.23)

### *Prière*

Que ta grâce inspire et précède notre action, nous t'en prions, Seigneur, qu'elle la soutienne et l'accompagne, pour que toutes nos activités prennent leur source en toi et reçoivent de toi leur achèvement. Par Jésus… ***— Amen.***

## Lecture

du livre du Deutéronome (30, 15-20)

*Vois ! Aujourd'hui je vous propose la bénédiction ou la malédiction*

**Moïse disait au peuple : « Vois ! Je mets aujourd'hui devant toi ou bien la vie et le bonheur, ou bien la mort et le malheur. Ce que je te commande aujourd'hui, c'est d'aimer le Seigneur ton Dieu, de marcher dans ses chemins, de garder ses commandements, ses décrets et ses ordonnances. Alors, tu vivras et te multiplieras ; le Seigneur ton Dieu te bénira dans le pays dont tu vas prendre possession. Mais si tu**

détournes ton cœur, si tu n'obéis pas, si tu te laisses entraîner à te prosterner devant d'autres dieux et à les servir, je vous le déclare aujourd'hui : certainement vous périrez, vous ne vivrez pas de longs jours sur la terre dont vous allez prendre possession quand vous aurez passé le Jourdain. Je prends aujourd'hui à témoin contre vous le ciel et la terre : je mets devant toi la vie ou la mort, la bénédiction ou la malédiction. Choisis donc la vie, pour que vous viviez, toi et ta descendance, en aimant le Seigneur ton Dieu, en écoutant sa voix, en vous attachant à lui ; c'est là que se trouve ta vie, une longue vie sur la terre que le Seigneur a juré de donner à tes pères, Abraham, Isaac et Jacob. »
– Parole du Seigneur.

## *Psaume* 1

℟ ***Heureux est l'homme qui met sa foi dans le Seigneur.***

Heureux est l'homme
qui n'entre pas au conseil des méchants,
qui ne suit pas le chemin des pécheurs,
ne siège pas avec ceux qui ricanent,
mais se plaît dans la loi du Seigneur
et murmure sa loi jour et nuit ! ℟

Il est comme un arbre
planté près d'un ruisseau,
qui donne du fruit en son temps,
et jamais son feuillage ne meurt ;
tout ce qu'il entreprend réussira.
Tel n'est pas le sort des méchants. ℟

Mais ils sont comme la paille
balayée par le vent.
Le Seigneur connaît le chemin des justes,
mais le chemin des méchants se perdra. ℟

### *Acclamation de l'Évangile*

***Tes paroles, Seigneur, sont esprit et elles sont vie.*** Convertissez-vous, dit le Seigneur, car le royaume des Cieux est tout proche. ***Tes paroles, Seigneur, sont esprit et elles sont vie.***

## Évangile de Jésus Christ

selon saint Luc (9, 22-25)

*« Celui qui perdra sa vie à cause de moi la sauvera »*

En ce temps-là, Jésus disait à ses disciples : « Il faut que le Fils de l'homme souffre beaucoup, qu'il soit rejeté par les anciens, les grands prêtres et les scribes, qu'il soit tué, et que, le troisième jour, il ressuscite. » Il leur disait à tous : « Celui qui veut marcher à ma suite, qu'il renonce à lui-même, qu'il prenne sa croix chaque jour et qu'il me suive. Car celui qui veut sauver sa vie la perdra* ; mais celui qui perdra sa vie à cause de moi la sauvera. Quel avantage un homme aura-t-il à gagner le monde entier, s'il se perd ou se ruine lui-même ? »



### *Prière sur les offrandes*

Regarde avec bonté, Seigneur, nous t'en prions, les offrandes que nous déposons sur l'autel qui t'est consacré ; en nous procurant ton pardon, qu'elles servent à la gloire de ton nom. Par le Christ, notre Seigneur. ***— Amen.***

*Préface du Carême, p. 217.*

### *Antienne de la communion*

Crée en moi un cœur pur,
ô mon Dieu, renouvelle
et raffermis au fond de moi
mon esprit. (Ps 50, 12)

### *Prière après la communion*

Dieu tout-puissant, par ce don venu du ciel, nous avons reçu ta bénédiction ; nous t'en supplions humblement : qu'il ne cesse jamais de nous apporter à la fois ton pardon et notre salut. Par le Christ, notre Seigneur. — ***Amen.***

### *Prière sur le peuple*

*Le prêtre peut dire la prière suivante :*

Dieu tout-puissant, tu as fait connaître à ton peuple les chemins de la vie éternelle ; nous t'en prions, donne-lui de les suivre pour parvenir jusqu'à toi, lumière sans déclin. Par le Christ, notre Seigneur. — ***Amen.***

## INVITATION

De quoi vais-je jeûner durant le Carême et quel sens vais-je donner à mon jeûne ?

## COMMENTAIRE

**Choix de vie**

Deutéronome 30, 15-20 ; Luc 9, 22-25

**Même si tant de facteurs nous conditionnent, nous disposons toujours d'une marge de manœuvre pour orienter nos existences. Les textes de ce jour nous invitent donc à un choix. Le livre du Deutéronome nous exhorte à choisir la vie, à l'écoute des « lois de vie » données par Dieu. Jésus nous invite à sa suite, lui qui consent à tout perdre en fidélité à sa part essentielle : être témoin de l'amour infini du Père. ■**

***Jean-Marc Liautaud,*** *Fondacio*

## ✲ CLÉ DE LECTURE

**« La perdra »**

Luc 9, 24 *(p. 117)*

**« Nous ne voulons pas perdre notre vie à la gagner », le slogan fait écho, sans le savoir, à la parole paradoxale de Jésus. L'un et l'autre nous renvoient à une seule question : qu'appelons-nous gagner, sauver ou perdre notre vie ? La sagesse humaine s'y attache depuis toujours. Mais Jésus prend le contrepied de toute sagesse humaine, de tout projet de vie sensé et juste. Pour comprendre ses paroles, il faut suivre son chemin : l'annonce d'un amour qui l'a conduit à donner sa vie et à mourir sur la Croix, mais aussi un chemin qui l'a conduit vers le Père. Avec lui, celui qui perd sa vie, la livre aux autres par amour et par fidélité, la « trouvera », il vivra d'une vie nouvelle, libérée de la peur, transfigurée par l'amour et la présence de Dieu. ■**

***Roselyne Dupont-Roc,*** ***bibliste***

# VENDREDI 16 FÉVRIER 2024

**VENDREDI APRÈS LES CENDRES COULEUR LITURGIQUE : VIOLET**

**Temps du Carême,** *messe de la férie*

### *Antienne d'ouverture*

**Le Seigneur m'a entendu,
il m'a pris en pitié. Le Seigneur
est venu à mon aide.** (cf. Ps 29, 11)

### *Prière*

Que ta bienveillance nous accompagne, Seigneur, durant ce temps de pénitence qui vient de commencer, afin que la discipline imposée à notre corps soit aussi pratiquée d'un cœur sincère. Par Jésus… ***— Amen.***

## Lecture

du livre du prophète Isaïe (58, 1-9a)

*« Est-ce là le jeûne qui me plaît ? »*

**Ainsi parle le Seigneur Dieu : Crie à pleine gorge ! Ne te retiens pas ! Que s'élève ta voix comme le cor ! Dénonce à mon peuple sa révolte, à la maison de Jacob ses péchés. Ils viennent me consulter jour après jour, ils veulent connaître mes chemins. Comme une nation qui pratiquerait la justice et n'abandonnerait pas le droit de son Dieu, ils me demandent des ordonnances justes, ils voudraient que Dieu soit proche : « Quand nous jeûnons, pourquoi ne le vois-tu pas ? Quand**

nous faisons pénitence, pourquoi ne le sais-tu pas ? » Oui, mais le jour où vous jeûnez, vous savez bien faire vos affaires, et vous traitez durement ceux qui peinent pour vous. Votre jeûne se passe en disputes et querelles, en coups de poing sauvages. Ce n'est pas en jeûnant comme vous le faites aujourd'hui que vous ferez entendre là-haut votre voix. Est-ce là le jeûne qui me plaît, un jour où l'homme se rabaisse ? S'agit-il de courber la tête comme un roseau, de coucher sur le sac et la cendre ? Appelles-tu cela un jeûne, un jour agréable au Seigneur ? Le jeûne qui me plaît, n'est-ce pas ceci : faire tomber les chaînes injustes, délier les attaches du joug, rendre la liberté aux opprimés, briser tous les jougs ? N'est-ce pas partager ton pain avec celui qui a faim, accueillir chez toi les pauvres sans abri, couvrir celui que tu verras sans vêtement, ne pas te dérober à ton semblable ? Alors ta lumière jaillira comme l'aurore, et tes forces reviendront vite. Devant toi marchera ta justice, et la gloire du Seigneur fermera la marche. Alors, si tu appelles, le Seigneur répondra ; si tu cries, il dira : « Me voici.* »
– Parole du Seigneur.



## *Psaume* 50 (51)

℟ ***Tu ne repousses pas, ô mon Dieu, un cœur brisé et broyé.***

Pitié pour moi, mon Dieu, dans ton amour,
selon ta grande miséricorde, efface mon péché.
Lave-moi tout entier de ma faute,
purifie-moi de mon offense. ℟

Oui, je connais mon péché,
ma faute est toujours devant moi.
Contre toi, et toi seul, j'ai péché,
ce qui est mal à tes yeux, je l'ai fait. ℟

Si j'offre un sacrifice, tu n'en veux pas,
tu n'acceptes pas d'holocauste.
Le sacrifice qui plaît à Dieu, c'est un esprit brisé ;
tu ne repousses pas, ô mon Dieu, un cœur brisé et broyé. ℟

### *Acclamation de l'Évangile*

***Gloire au Christ, Sagesse éternelle du Dieu vivant. Gloire à toi, Seigneur.***
Cherchez le bien, non le mal, afin de vivre. Ainsi le Seigneur sera avec vous.
***Gloire au Christ, Sagesse éternelle du Dieu vivant. Gloire à toi, Seigneur.***

## *Évangile de Jésus Christ*

selon saint Matthieu (9, 14-15)

*« Des jours viendront où l'Époux leur sera enlevé ; alors ils jeûneront »*

**En ce temps-là, les disciples de Jean le Baptiste s'approchèrent de Jésus en disant : « Pourquoi, alors que nous et les pharisiens, nous jeûnons, tes disciples ne jeûnent-ils pas ? » Jésus leur répondit : « Les invités de la noce pourraient-ils donc être en deuil pendant le temps où l'Époux est avec eux ? Mais des jours viendront où l'Époux leur sera enlevé ; alors ils jeûneront. »**

### *Prière sur les offrandes*

Nous t'en prions, Seigneur, que le sacrifice, offert en ce temps où nous pratiquons le Carême, nous rende agréables à tes yeux et nous aide à nous montrer plus empressés dans le renoncement. Par le Christ, notre Seigneur. — ***Amen.***

*Préface du Carême, p. 217.*

### *Antienne de la communion*

Seigneur, enseigne-moi tes chemins, fais-moi connaître ta route.
(Ps 24, 4)

### *Prière après la communion*

Nous t'en prions, Dieu tout-puissant : par notre participation à ce mystère, nous avons été purifiés de tous nos péchés ; puissions-nous vivre en accord avec la guérison reçue de ta tendresse. Par le Christ, notre Seigneur. **— *Amen.***

### *Prière sur le peuple*

*Le prêtre peut dire la prière suivante :*

Dieu de miséricorde, que ton peuple ne cesse de rendre grâce pour tes merveilles, et qu'au terme de son pèlerinage sur la terre, fidèle aux observances transmises d'âge en âge, il puisse te contempler sans fin. Par le Christ, notre Seigneur. **— *Amen.***



## INVITATION

Vêtements, livres, bibelots... De quel superflu puis-je me libérer pour accorder plus de place à l'essentiel ?

# VENDREDI 16 FÉVRIER 2024

## COMMENTAIRE

**Sur un malentendu** Isaïe 58, 1-9a

**Isaïe est le témoin engagé d'un dialogue de sourds entre deux requêtes. Le peuple se désole : Dieu semble demeurer insensible à ses pratiques de piété, paraît oublier de le bénir en retour. Mais en fait, c'est le peuple qui est sourd au désir réel de Dieu : que les croyants sachent faire des temps de jeûne, durant lesquels ils domptent leurs appétits, des tremplins pour construire un lien social porteur de vie. ■**

***Jean-Marc Liautaud**, Fondacio*

## ❊ CLÉ DE LECTURE

**« Me voici »** Isaïe 58, 9 *(p. 121)*

**Nous édulcorons facilement la force subversive de ce texte. Il met en cause, en crise, tant les gestes rituels que les pratiques d'efforts quotidiens. D'une actualité sidérante, il déplace le projecteur sur notre relation aux autres, socialement – des collègues de travail aux immigrés en détresse – comme dans la vie politique et les choix de société. Certes, la parole prophétique a une forte saveur d'utopie. Mais lorsque nous oublions cet horizon d'utopie, nous laissons s'effacer pour nous et autour de nous le visage de notre Dieu, qui se donne sous les traits du prochain secouru : « Me voici. » Jésus lui fera plus tard écho en affirmant : « Ce que vous avez fait au plus petit d'entre les miens, c'est à moi que vous l'avez fait » (cf. Mt 25, 40). ■**

***Roselyne Dupont-Roc**, bibliste*

# SAMEDI 17 FÉVRIER 2024

SAMEDI APRÈS LES CENDRES COULEUR LITURGIQUE : VIOLET

**Temps du Carême,** *messe de la férie*
*(Sept saints fondateurs de l'ordre des Servites)*

### *Antienne d'ouverture*

**Réponds-nous, Seigneur, car il est bon, ton amour ;**
**dans ta grande tendresse, regarde-nous.** (cf. Ps 68, 17)

### *Prière*

Dieu éternel et tout-puissant, jette un regard de bonté sur notre faiblesse, et pour nous protéger, étends sur nous ta main souveraine. Par Jésus… — ***Amen.***

11 - 17

## *Lecture*

du livre du prophète Isaïe (58, 9b-14)

*« Si tu donnes à celui qui a faim ce que toi, tu désires,*
*ta lumière se lèvera dans les ténèbres »*

**Ainsi parle le Seigneur : si tu fais disparaître de chez toi le joug, le geste accusateur, la parole malfaisante, si tu donnes à celui qui a faim ce que toi, tu désires, et si tu combles les désirs du malheureux, ta lumière se lèvera dans les ténèbres et ton obscurité sera lumière de midi. Le Seigneur sera toujours ton guide. En plein désert, il comblera tes désirs et te rendra vigueur. Tu seras comme un jardin bien irrigué, comme une source où les eaux ne manquent jamais. Tu rebâtiras les ruines anciennes, tu restaureras les fondations séculaires. On t'appellera : « Celui qui répare les**

brèches », « Celui qui remet en service les chemins ». Si tu t'abstiens de voyager le jour du sabbat, de traiter tes affaires pendant mon jour saint, si tu nommes « délices » le sabbat et déclares « glorieux » le jour saint du Seigneur, si tu le glorifies, en évitant démarches, affaires et pourparlers, alors tu trouveras tes délices dans le Seigneur ; je te ferai chevaucher sur les hauteurs du pays, je te donnerai pour vivre l'héritage de Jacob ton père. Oui, la bouche du Seigneur a parlé.
– Parole du Seigneur.

## *Psaume* 85 (86)

℟ ***Montre-moi ton chemin, Seigneur, que je marche suivant ta vérité.***

Écoute, Seigneur, réponds-moi,
car je suis pauvre et malheureux.
Veille sur moi qui suis fidèle, ô mon Dieu,
sauve ton serviteur qui s'appuie sur toi. ℟

Prends pitié de moi, Seigneur,
toi que j'appelle chaque jour.
Seigneur, réjouis ton serviteur :
vers toi, j'élève mon âme ! ℟

Toi qui es bon et qui pardonnes,
plein d'amour pour tous ceux qui t'appellent,
écoute ma prière, Seigneur,
entends ma voix qui te supplie. ℟

### *Acclamation de l'Évangile*

***Tes paroles, Seigneur, sont esprit et elles sont vie.*** Je ne prends pas plaisir à la mort du méchant, dit le Seigneur. Qu'il se détourne de sa conduite, et qu'il vive !
***Tes paroles, Seigneur, sont esprit et elles sont vie.***

## *Évangile de Jésus Christ*

selon saint Luc (5, 27-32)

*« Je ne suis pas venu appeler des justes mais des pécheurs, pour qu'ils se convertissent »*

**En ce temps-là, Jésus sortit et remarqua un publicain (c'est-à-dire un collecteur d'impôts) du nom de Lévi assis au bureau des impôts. Il lui dit : « Suis-moi. » Abandonnant tout, l'homme se leva ; et il le suivait. Lévi donna pour Jésus une grande réception dans sa maison ; il y avait là une foule nombreuse de publicains et d'autres gens attablés avec eux. Les pharisiens et les scribes de leur parti récriminaient en disant à ses disciples : « Pourquoi mangez-vous et buvez-vous avec les publicains et les pécheurs ? » Jésus leur répondit : « Ce ne sont pas les gens en bonne santé qui ont besoin du médecin, mais les malades. Je ne suis pas venu appeler des justes mais des pécheurs, pour qu'ils se convertissent. »**



### *Prière sur les offrandes*

Accueille, Seigneur, le sacrifice de louange et de paix ; accorde-nous d'être purifiés par son action et de t'offrir un cœur qui te plaise. Par le Christ, notre Seigneur. — ***Amen.***

*Préface du Carême, p. 217.*

### *Antienne de la communion*

Je veux la miséricorde, non le sacrifice, dit le Seigneur, car je ne suis pas venu appeler des justes, mais des pécheurs. (Mt 9, 13)

## *Prière après la communion*

Fortifiés par le don de la vie du ciel, Seigneur, nous te prions : que ce sacrement offert dans la vie présente nous soit un secours pour l'éternité. Par le Christ, notre Seigneur. — ***Amen.***

## *Prière sur le peuple*

*Le prêtre peut dire la prière suivante :*

Dans ta bonté, Seigneur, reste auprès de ton peuple qui s'est approché des saints mystères, afin que nul danger ne le menace, lui qui a mis sa confiance dans ta protection. Par le Christ, notre Seigneur. — ***Amen.***

## INVITATION

Demain, nous fêtons le bienheureux Fra Angelico, « le peintre des anges ».
Je peux méditer devant une de ses œuvres sur internet, au musée, dans un livre...

## COMMENTAIRE

### Un talent de malade

Isaïe 58, 9b-14 ; Luc 5, 27-32

**Nous savons nous penser « du bon côté » et stigmatiser les autres pour mieux nous éviter un examen de conscience honnête. Or Isaïe nous invite à reconnaître que nous avons tous une forme de talent pour abîmer les relations et la société. Jésus, de même, nous propose de nous inclure dans la catégorie des malades si nous voulons bénéficier de son secours et apprendre de lui les relations selon Dieu. ■**

***Jean-Marc Liautaud,*** *Fondacio*

# DIMANCHE 18 FÉVRIER 2024

## 1ER DIMANCHE DE CARÊME

**ANNÉE B – COULEUR LITURGIQUE : VIOLET**

*« L'Esprit pousse Jésus au désert et, dans le désert, il resta quarante jours, tenté par Satan. »* Marc 1, 12





**Alliance et espérance** balisent notre chemin vers Pâques. Depuis la première Alliance avec Noé, Dieu est fidèle, jusqu'à donner son Fils. Ce Fils est venu accomplir l'Alliance nouvelle, à jamais source de notre espérance. Car le Christ nous conduit vers la Bonne Nouvelle. Que ce Carême convertisse nos cœurs et affermisse notre foi, notre espérance et notre charité.

## RITES INITIAUX

***Chant d'entrée*** *(Suggestions p. 243)*

*OU*

***Antienne d'ouverture***

Quand mon serviteur m'appelle, dit le Seigneur,
moi, je lui réponds. Je veux le libérer, le glorifier;
de longs jours, je veux le rassasier. (cf. Ps 90, 15-16)

***Suggestion de préparation pénitentielle*** *(ou p. 211)*

Frères et sœurs, Dieu nous a tout donné en nous livrant son propre Fils. Avec confiance, implorons la miséricorde du Seigneur et reconnaissons que nous sommes pécheurs.

*(A220; Messe de l'Alliance; Dans ton amour pitié pour moi!)*

℟ ***Dieu plus grand que notre cœur, Kyrie, eleison!*** (bis)

Dans ton amour pitié pour moi, je suis un homme au cœur blessé, fais-moi connaître mon péché, Dieu de ma joie! Dieu de ma joie! ℟

Dans ton amour tu viens à moi, Jésus mon frère au sang versé. Toi seul pourras me pardonner, Dieu de ma joie! Dieu de ma joie! ℟

Par ton amour entraîne-moi, sous ton soleil je revivrai. Inonde-moi de ta clarté, Dieu de ma joie! Dieu de ma joie! ℟

Que Dieu tout-puissant nous fasse miséricorde; qu'il nous pardonne nos péchés et nous conduise à la vie éternelle. — ***Amen.***

*Pendant le Carême, on omet le Gloire à Dieu.*

*Prière*

Dieu tout-puissant, toi qui nous invites chaque année à vivre le Carême en vérité, donne-nous de progresser dans l'intelligence du mystère du Christ et d'en rechercher la réalisation par une vie qui lui corresponde. Lui qui… ***— Amen.***

## LITURGIE DE LA PAROLE

### *Lecture* du livre de la Genèse (9, 8-15)

*Alliance de Dieu avec Noé qui a échappé au déluge*

**Dieu dit à Noé et à ses fils : « Voici que moi, j'établis mon alliance avec vous, avec votre descendance après vous, et avec tous les êtres vivants qui sont avec vous : les oiseaux, le bétail, toutes les bêtes de la terre, tout ce qui est sorti de l'arche. Oui, j'établis mon alliance avec vous : aucun être de chair ne sera plus détruit par les eaux du déluge, il n'y aura plus de déluge pour ravager la terre. » Dieu dit encore : « Voici le signe de l'alliance que j'établis entre moi et vous, et avec tous les êtres vivants qui sont avec vous, pour les générations à jamais : je mets mon arc au milieu des nuages, pour qu'il soit le signe de l'alliance entre moi et la terre. Lorsque je rassemblerai les nuages au-dessus de la terre, et que l'arc apparaîtra au milieu des nuages, je me souviendrai de mon alliance qui est entre moi et vous, et tous les êtres vivants : les eaux ne se changeront plus en déluge pour détruire tout être de chair. »** – Parole du Seigneur.

## *Psaume* 24 (25)

℞ ***Tes chemins, Seigneur, sont amour et vérité pour qui garde ton alliance.***

*T. : AELF ; M. : G. Previdi ; Éd. : ADF.*

Seigneur, enseigne-moi tes voies,
fais-moi connaître ta route.
Dirige-moi par ta vérité, enseigne-moi,
car tu es le Dieu qui me sauve. ℞

Rappelle-toi, Seigneur, ta tendresse,
ton amour qui est de toujours.
Dans ton amour, ne m'oublie pas,
en raison de ta bonté, Seigneur. ℞

Retrouvez ce psaume sur le CD "Les psaumes de l'année B"

Il est droit, il est bon, le Seigneur,
lui qui montre aux pécheurs le chemin.
Sa justice dirige les humbles,
il enseigne aux humbles son chemin. ℟

**Lecture** de la première lettre de saint Pierre apôtre (3, 18-22)

*Le baptême vous sauve maintenant*

**Bien-aimés, le Christ, lui aussi, a souffert pour les péchés, une seule fois, lui, le juste, pour les injustes, afin de vous introduire devant Dieu ; il a été mis à mort dans la chair, mais vivifié dans l'Esprit. C'est en lui qu'il est parti proclamer son message aux esprits qui étaient en captivité. Ceux-ci, jadis, avaient refusé d'obéir, au temps où se prolongeait la patience de Dieu, quand Noé construisit l'arche, dans laquelle un petit nombre, en tout huit personnes, furent sauvées à travers l'eau. C'était une figure du baptême qui vous sauve maintenant : le baptême ne purifie pas de souillures extérieures, mais il est l'engagement envers Dieu d'une conscience droite et il sauve par la résurrection de Jésus Christ, lui qui est à la droite de Dieu, après s'en être allé au ciel, lui à qui sont soumis les anges, ainsi que les Souverainetés et les Puissances.**
– Parole du Seigneur.

### *Acclamation de l'Évangile*

***Ta Parole, Seigneur, est vérité, et ta loi, délivrance.*** L'homme ne vit pas seulement de pain, mais de toute parole qui sort de la bouche de Dieu. ***Ta Parole, Seigneur, est vérité, et ta loi, délivrance.***

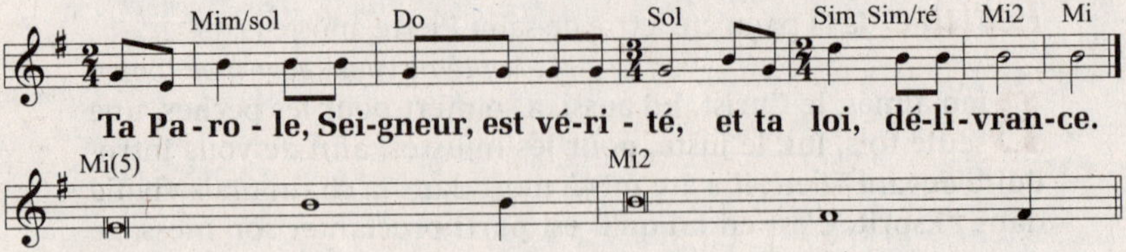


*T.: AELF; M.: P. Robert.*

## *Évangile de Jésus Christ* selon saint Marc (1, 12-15)

*« Jésus fut tenté par Satan, et les anges le servaient »*

**En ce temps-là, Jésus venait d'être baptisé. Aussitôt l'Esprit le pousse au désert et, dans le désert, il resta quarante jours, tenté par Satan. Il vivait parmi les bêtes sauvages, et les anges le servaient. Après l'arrestation de Jean, Jésus partit pour la Galilée proclamer l'Évangile de Dieu; il disait : « Les temps sont accomplis : le règne de Dieu est tout proche. Convertissez-vous et croyez à l'Évangile. »**

### *Homélie*

### *Profession de foi* *(p. 214)*

### *Suggestion de prière universelle*

*Le prêtre :*

Le Carême est l'occasion de nous rapprocher de Dieu et des plus pauvres. Avec confiance, supplions Dieu notre Père. Faisons monter vers lui toutes nos prières.

℟ ***Seigneur, écoute-nous, Seigneur exauce-nous.***

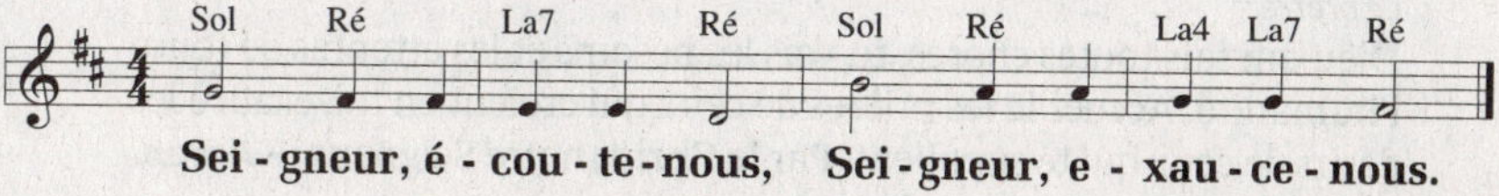


*D. R. ; T. et M. : J. Gelineau.*

*Le diacre ou un lecteur :*

En Église, peuple de l'Alliance nouvelle, pensons aux catéchumènes célébrant aujourd'hui leur « appel décisif ». Pour les personnes en quête d'espérance et pour les futurs baptisés, prions ensemble. ℟

En contemplant Jésus vainqueur de Satan au désert, pensons aux déserts de la pauvreté, de l'exclusion, de la faim. Pour les dirigeants des grandes nations appelés à un meilleur partage des richesses, prions ensemble. ℟

Au bord du chemin qui nous conduit vers Pâques, les personnes malades et ceux en phase terminale ont besoin de réconfort et de soutien fraternel. Pour ceux qui les soignent, les aident et les consolent, avec toute l'Église, prions ensemble. ℟

Au désarroi de son peuple, Dieu répond par son amour et par son désir de sauver tous les hommes. Pour notre assemblée, conviée à la joie du salut et au témoignage, prions ensemble. ℟

*(Ces intentions seront adaptées ou modifiées selon les circonstances.)*

*Le prêtre :*

Dieu qui sais toutes choses, tu vois les besoins et les attentes de toute l'humanité. Accueille les prières de ceux qui croient en toi, exauce les désirs de ceux qui te supplient. Par le Christ, notre Seigneur. ***— Amen.***

## LITURGIE EUCHARISTIQUE

### *Prière sur les offrandes*

Alors que nous célébrons les débuts de ce temps très saint, nous te prions, Seigneur : fais que nos cœurs correspondent vraiment aux offrandes que nous allons présenter. Par le Christ, notre Seigneur.
***— Amen.***

### *Prière eucharistique* *(Préface du 1er dimanche de Carême)*

Vraiment, il est juste et bon, pour ta gloire et notre salut, de t'offrir notre action de grâce, toujours et en tout lieu, Seigneur, Père très saint, Dieu éternel et tout-puissant, par le Christ, notre Seigneur. En

jeûnant quarante jours au désert, il consacrait le temps du Carême ; lorsqu'il déjouait les pièges du Tentateur des origines, il nous apprenait à écarter le ferment du mal ; ainsi pourrons-nous célébrer dignement le mystère pascal et enfin passer à la Pâque éternelle. C'est pourquoi, avec la multitude des anges et des saints, nous chantons l'hymne de ta gloire et sans fin nous proclamons :
***Saint ! Saint ! Saint...***

## *Chant de communion* *(Suggestions p. 243)*

*OU*

## *Antienne de la communion*

L'homme ne vit pas seulement de pain,
mais de toute parole qui sort de la bouche de Dieu.
(Mt 4, 4)

*OU*

Le Seigneur te couvre et te protège,
tu trouves sous son aile un refuge. (cf. Ps 90, 4)

## *Prière après la communion*

Restaurés par le pain du ciel, qui nourrit la foi, stimule l'espérance et fortifie la charité, nous t'en prions, Seigneur : apprends-nous à toujours avoir faim de celui qui est le pain vivant et vrai, et à vivre de toute parole qui sort de ta bouche. Par le Christ, notre Seigneur. ***— Amen.***

### *Prière sur le peuple*

*Le prêtre peut dire la prière suivante :*

Que descende sur ton peuple, Seigneur, l'abondance de ta bénédiction, afin que dans l'épreuve grandisse l'espérance, que dans la tentation s'affermisse le courage, et que soit accordée la rédemption éternelle. Par le Christ, notre Seigneur. — ***Amen.***

## RITE DE CONCLUSION

### *Bénédiction*

### *Envoi*

**COMMENTAIREDU DIMANCHE**

**Karem Bustica,** rédactrice en chef de *Prions en Église*

# Rencontre dans le désert

Le récit des tentations de Jésus au désert selon saint Marc est le plus concis de tous les évangiles. Jésus vient d'être baptisé, rempli d'Esprit Saint, et désigné par le Père comme son Fils. Autrement dit, Jésus est le Messie envoyé pour annoncer le règne de Dieu. Identifier le Messie va de pair avec le fait de rappeler sa mission et de souligner sa continuité avec l'histoire du peuple de Dieu. C'est certainement pour cela que Jésus reste quarante jours au désert. Depuis l'Exode, la migration des Hébreux retenus captifs en Égypte vers Canaan, le désert est le lieu de la rencontre avec Dieu, mais aussi de la mise à l'épreuve. Pendant cette marche longue de 40 ans (Ex 16, 35), Moïse reste quarante jours et quarante nuits sur la montagne du Sinaï à s'entretenir avec Dieu avant de recevoir les Dix Paroles (Ex 34, 28). •••

••• Il s'agit d'un lieu et d'une durée symbolique. Comme Moïse, Jésus se prépare à accomplir la mission reçue de Dieu : proclamer l'Évangile.
En ce début de Carême, l'Église nous invite à renouveler notre désir de traverser le désert. Parce qu'il est le lieu de la rencontre avec Dieu, dans l'Écriture et dans le service des frères. Le temps de donner un nouveau souffle à notre prière, à notre jeûne, à notre partage. Et parce que le désert est le lieu de la conversion la plus fondamentale : le regard que nous portons sur Dieu. Qui est-il pour nous ? Qu'attendons-nous de lui ?

Comment vais-je aborder ce Carême ?
Quels moyens puis-je prendre pour qu'il soit le temps de la rencontre de Dieu ? ■

Prions en Église
Junior

## LIRE L'ÉVANGILE AVEC LES ENFANTS

## CE QUE JE DÉCOUVRE

L'Esprit pousse Jésus au désert afin
qu'il comprenne ce que Dieu attend de lui.
Pendant quarante jours,
Jésus va prier son Père avec amour,
dans le silence et la solitude.
**Pendant les quarante jours de Carême, nous préparons nos cœurs à Pâques.**
On appelle cela « se convertir », parce qu'on
se tourne vers Dieu avec un cœur confiant
pour essayer de répondre
le plus possible à son amour.

## CE QUE JE VIS

As-tu parfois envie de rester tout seul ?
Sais-tu pourquoi ?
Que fais-tu quand tu es seul ?
**Ouvre ton cœur à Jésus pour qu'il t'accompagne tout au long du Carême.**

Texte : Patricia Metzger. Illustrations : Marcelino Truong

MÉDITATION BIBLIQUE

1ER DIMANCHE DE CARÊME

Évangile selon saint Marc 1, 12-15

# Du désert au « paradis »

**Dans sa singularité, le récit des tentations selon saint Marc, très différent de ceux de Matthieu et Luc, nous fait signe vers une richesse de sens qu'il convient d'explorer et d'intérioriser pour vivre plus pleinement ce temps de préparation à la fête de Pâques.**

## Le temps de la préparation

**« Seigneur, enseigne-moi tes voies, fais-moi connaître ta route. » (Ps 24, 4)**

## Le temps de l'observation

Les versets 12 et 13 de l'évangile du jour contrastent avec les versets 14 et 15. Dans les premiers, Jésus semble passif : il a été baptisé, il est poussé au désert, il était avec les bêtes sauvages. Dans les deux derniers, il est actif : il part et il proclame. Les premiers versets sont à mettre en lien avec le récit du baptême et le don de l'Esprit. Celui-ci est à l'œuvre en Jésus et le « jette » au désert pour y affronter Satan. Marc nous laisse ignorer la nature des tentations contrairement à Matthieu ou Luc ; il nous dit juste ainsi que Jésus fut incité à pécher et mis à l'épreuve. Toute l'attention du lecteur se porte alors sur les effets de cette confrontation. Manifestement, le Diviseur est vaincu, puisque Jésus vivait avec les bêtes sauvages et que des anges le servaient. L'image renvoie à l'ère messianique telle qu'évoquée par Isaïe (Is 11), une ère qui renoue avec le paradis (Gn 2). Et cette victoire du Christ l'habilite à annoncer la Bonne Nouvelle du règne de Dieu, Satan ayant perdu tout son pouvoir.

## Le temps de la méditation

Comment allons-nous vivre les quarante jours qui nous sont offerts pour nous « recueillir », c'est-à-dire revenir de la dispersion qui est souvent la note dominante de notre vie ? Comme des jours de purification, tels Noé et ses contemporains lors du déluge (Gn 7, 4.12) ou le peuple hébreu au désert après la sortie d'Égypte (Dt 8, 2-6) ? Comme un temps d'illumination et de rencontre avec Dieu, tels Moïse sur le Sinaï (Ex 34, 28) ou Élie à l'Horeb (1 R 19, 8) ? Comme un temps d'unification intérieure ainsi que le symbolisent la réconciliation avec le monde animal, la proximité avec les anges et l'ancrage dans la réalité ? Quoi qu'il en soit, il s'agit d'abord de se laisser travailler par l'Esprit et de se laisser conduire pour poser des actes concrets susceptibles de porter du fruit. Des fruits qui témoigneront de la Bonne Nouvelle du salut (c'est-à-dire de la défaite du Mauvais) et de la proximité du Règne.

## Le temps de la prière

**« Dirige-moi par ta vérité, [...] car tu es le Dieu qui me sauve. » (Ps 24, 5)** ■

**Emmanuelle Billoteau,** ermite

## LE SAINT DU MOIS

### 19 FÉVRIER : BIENHEUREUX JOHN SULLIVAN (1861-1933)

# La nécessité de servir

Chaque saint, chaque bienheureux est unique, même s'il présente évidemment des ressemblances avec certains de ceux qui l'ont précédé sur le chemin de la sainteté. Comme l'Anglais saint John Henry Newman, l'Irlandais John Sullivan fut élevé dans l'Église anglicane, avant d'avoir l'audace de rejoindre l'Église catholique romaine, en 1896, à l'âge de 35 ans. Cette décision forte provoqua la stupéfaction de son entourage, mais réjouit sa mère dont il était très proche et qui était catholique. Comme l'Italien saint Alphonse-Marie de Liguori, John Sullivan avait d'abord opté pour la carrière d'avocat, mais il finit par y renoncer pour se consacrer totalement au Christ : en 1900, à près de 40 ans, John Sullivan entrait dans la Compagnie de Jésus. S'ensuivirent sept années d'études (en philosophie et en théologie) qui aboutirent, le 28 juillet 1907, à son ordination sacerdotale à Dublin. Peu de temps après, le nouveau prêtre fut envoyé par son supérieur au célèbre collège jésuite de Clongowes Wood, près de Kildare, où il allait passer la quasi-totalité du reste de son existence. Comme le Polonais saint Jean de Kenty, il ne se contenta pas d'enseigner : chaque jour, on pouvait le voir se rendre, à pied ou à vélo, dans les hôpitaux au chevet des malades ou bien dans les villages alentour pour venir en aide aux miséreux. Le père John, dont le style de vie était ascétique, consacrait aussi de nombreuses heures à la prière et à la confession. Comme le Québécois saint André Bessette, il fut considéré de son vivant comme un saint. Une réputation que plusieurs guérisons miraculeuses dues à son intercession contribuèrent à renforcer. Mais ce prêtre jésuite, humble, discret et disponible, n'en avait cure : seule comptait pour lui la nécessité impérieuse de continuer à servir Dieu et son prochain. Une caractéristique commune à tous ceux qui appartiennent à la grande et belle famille de la sainteté. ■

**Xavier Lecœur,** journaliste et historien

## UN SAINT POUR AUJOURD'HUI

Béatifié à Dublin en 2017, le bienheureux John Sullivan n'a laissé que très peu d'écrits. Mais l'exemple de dévouement quotidien qu'il a donné durant sa vie est tout aussi édifiant et nous invite, à la suite de Jésus, à faire le bien, partout où l'on passe (cf. Ac 10, 38).

# LUNDI 19 FÉVRIER 2024

**1RE SEMAINE DE CARÊME COULEUR LITURGIQUE : VIOLET**

**Temps du Carême,** *messe de la férie*

*Antienne d'ouverture*

**Comme les yeux des serviteurs vers la main de leurs maîtres,**
**nos yeux, levés vers le Seigneur notre Dieu, attendent sa pitié.**
**Pitié pour nous, Seigneur, pitié pour nous.** (cf. Ps 122, 2-3)

*Prière*

Fais-nous revenir à toi, Dieu notre Sauveur, et pour que ce Carême nous soit profitable, forme nos esprits par l'enseignement qui vient du ciel. Par Jésus…
***– Amen.***

## Lecture

du livre des Lévites (19, 1-2.11-18)

*« Tu jugeras ton compatriote avec justice »*

**Le Seigneur parla à Moïse et dit : « Parle à toute l'assemblée des fils d'Israël. Tu leur diras : Soyez saints, car moi, le Seigneur votre Dieu, je suis saint.**
**« Vous ne volerez pas, vous ne mentirez pas, vous ne tromperez aucun de vos compatriotes. Vous ne ferez pas de faux serments par mon nom : tu profanerais le nom de ton Dieu. Je suis le Seigneur.**
**« Tu n'exploiteras pas ton prochain, tu ne le dépouilleras pas : tu ne retiendras pas jusqu'au matin la paye**

Rejoignez notre
communauté
de lecteurs
Photo © Gorodenkoff/Adobe Stock

du salarié. Tu ne maudiras pas un sourd, tu ne mettras pas d'obstacle devant un aveugle : tu craindras ton Dieu. Je suis le Seigneur.
« Quand vous siégerez au tribunal, vous ne commettrez pas d'injustice ; tu n'avantageras pas le faible, tu ne favoriseras pas le puissant : tu jugeras ton compatriote avec justice. Tu ne répandras pas de calomnies contre quelqu'un de ton peuple, tu ne réclameras pas la mort de ton prochain. Je suis le Seigneur.
« Tu ne haïras pas ton frère dans ton cœur. Mais tu devras réprimander ton compatriote, et tu ne toléreras pas la faute qui est en lui. Tu ne te vengeras pas. Tu ne garderas pas de rancune contre les fils de ton peuple. Tu aimeras ton prochain comme toi-même. Je suis le Seigneur. »
– Parole du Seigneur.

## *Psaume* 18B (19)

℟ ***Tes paroles, Seigneur, sont esprit et elles sont vie.***

La loi du Seigneur est parfaite,
qui redonne vie ;
la charte du Seigneur est sûre,
qui rend sages les simples. ℟

Les préceptes du Seigneur sont droits,
ils réjouissent le cœur ;
le commandement du Seigneur est limpide,
il clarifie le regard. ℟

La crainte qu'il inspire est pure,
elle est là pour toujours ;
les décisions du Seigneur sont justes
et vraiment équitables. ℟

Accueille les paroles de ma bouche,
le murmure de mon cœur ;
qu'ils parviennent devant toi,
Seigneur, mon rocher, mon défenseur ! ℟

### *Acclamation de l'Évangile*

***Louange à toi, Seigneur, Roi d'éternelle gloire !*** Voici maintenant le moment favorable, voici maintenant le jour du salut. ***Louange à toi, Seigneur, Roi d'éternelle gloire !***

## *Évangile de Jésus Christ*

selon saint Matthieu (25, 31-46)

*« Chaque fois que vous l'avez fait à l'un de ces plus petits de mes frères, c'est à moi que vous l'avez fait »*

En ce temps-là, Jésus disait à ses disciples : « Quand le Fils de l'homme viendra dans sa gloire, et tous les anges avec lui, alors il siégera sur son trône de gloire. Toutes les nations seront rassemblées devant lui ; il séparera les hommes les uns des autres, comme le berger sépare les brebis des boucs : il placera les brebis à sa droite, et les boucs à gauche.

« Alors le Roi dira à ceux qui seront à sa droite : "Venez, les bénis de mon Père, recevez en héritage le Royaume préparé pour vous depuis la fondation du monde. Car j'avais faim, et vous m'avez donné à manger ; j'avais soif, et vous m'avez donné à boire ; j'étais un étranger, et vous m'avez accueilli ; j'étais nu, et vous m'avez habillé ; j'étais malade, et vous m'avez visité ; j'étais en prison, et vous êtes venus jusqu'à moi !" Alors les justes lui répondront : "Seigneur, quand est-ce que nous t'avons vu… ? tu avais donc faim, et nous t'avons nourri ? tu avais soif, et nous t'avons donné à boire ? tu étais un étranger, et nous t'avons accueilli ? tu étais nu, et nous t'avons habillé ? tu étais malade ou en prison… Quand sommes-nous venus

jusqu'à toi ?" Et le Roi leur répondra : "Amen, je vous le dis : chaque fois que vous l'avez fait à l'un de ces plus petits de mes frères, c'est à moi que vous l'avez fait."
« Alors il dira à ceux qui seront à sa gauche : "Allez-vous-en loin de moi, vous les maudits, dans le feu éternel préparé pour le diable et ses anges. Car j'avais faim, et vous ne m'avez pas donné à manger ; j'avais soif, et vous ne m'avez pas donné à boire ; j'étais un étranger, et vous ne m'avez pas accueilli ; j'étais nu, et vous ne m'avez pas habillé ; j'étais malade et en prison, et vous ne m'avez pas visité." Alors ils répondront, eux aussi : "Seigneur, quand t'avons-nous vu avoir faim, avoir soif, être nu, étranger, malade ou en prison, sans nous mettre à ton service ?" Il leur répondra : "Amen, je vous le dis : chaque fois que vous ne l'avez pas fait à l'un de ces plus petits, c'est à moi que vous ne l'avez pas fait."
« Et ils s'en iront, ceux-ci au châtiment éternel, et les justes, à la vie éternelle. »



## *Prière sur les offrandes*

Accueille, Seigneur, notre fervent sacrifice : par ton action, qu'il sanctifie notre manière de vivre, et nous obtienne la grâce de ton pardon. Par le Christ, notre Seigneur. ***— Amen.*** *Préface du Carême, p. 217.*

## *Antienne de la communion*

Amen, je vous le dis, tout ce que vous avez fait à l'un de ces plus petits de mes frères, c'est à moi que vous l'avez fait, dit le Seigneur. Venez, les bénis de mon Père, recevez en héritage le Royaume préparé pour vous depuis la fondation du monde. (Mt 25, 40.34)

### *Prière après la communion*

Dans la communion à ton sacrement, Seigneur, fais-nous ressentir un secours pour l'esprit et pour le corps, afin que, sauvés tout entiers, nous trouvions notre gloire au ciel dans la plénitude de la guérison. Par le Christ, notre Seigneur. — ***Amen.***

### *Prière sur le peuple*

*Le prêtre peut dire la prière suivante :*

Nous t'en prions, Seigneur, éclaire l'intelligence de ton peuple par la lumière de ta gloire, afin qu'il puisse voir ce qu'il doit faire et sache accomplir ce qui est droit. Par le Christ, notre Seigneur. — ***Amen.***

## INVITATION

Aujourd'hui, si je décidais de m'engager dans un organisme qui aide les personnes migrantes, les personnes hospitalisées ou les prisonniers ?

## COMMENTAIRE

**Service désintéressé** — Matthieu 25, 31-46

**« Quand sommes-nous venus jusqu'à toi ? » Jésus met cette question sur les lèvres de ceux qui, à leur insu, ont accompli des œuvres de miséricorde. En accueillant le migrant, en préparant un repas pour une personne âgée ou en visitant un prisonnier, ils n'imaginaient pas servir Dieu ! Leurs actes spontanés témoignent d'un réel désintérêt. « Les saints de la porte d'à côté » (*Gaudete et exsultate*, pape François), saurons-nous les honorer ?** ■

***Bénédicte de la Croix,*** *cistercienne*

# MARDI 20 FÉVRIER 2024

1RE SEMAINE DE CARÊME COULEUR LITURGIQUE : VIOLET

**Temps du Carême,** *messe de la férie*

*Antienne d'ouverture*

**D'âge en âge, Seigneur,**
**tu as été notre refuge ;**
**de toujours à toujours,**
**toi, tu es Dieu.** (Ps 89, 1-2)

*Prière*

Regarde ta famille, Seigneur ; et fais que notre esprit, affiné par la discipline imposée à notre corps, resplendisse à tes yeux du désir de te trouver. Par Jésus…
***— Amen.***

## Lecture

du livre du prophète Isaïe (55, 10-11)

*Ma parole fait ce qui me plaît*

**Ainsi parle le Seigneur : « La pluie et la neige qui descendent des cieux n'y retournent pas sans avoir abreuvé la terre, sans l'avoir fécondée et l'avoir fait germer, donnant la semence au semeur et le pain à celui qui doit manger ; ainsi ma parole, qui sort de ma bouche, ne me reviendra pas sans résultat, sans avoir fait ce qui me plaît, sans avoir accompli sa mission. »**
– Parole du Seigneur.

## *Psaume* 33 (34)

℟ ***De toutes leurs angoisses, Dieu délivre les justes.***

Magnifiez avec moi le Seigneur,
exaltons tous ensemble son nom.
Je cherche le Seigneur, il me répond :
de toutes mes frayeurs, il me délivre. ℟

Qui regarde vers lui resplendira,
sans ombre ni trouble au visage.
Un pauvre crie ; le Seigneur entend :
il le sauve de toutes ses angoisses. ℟

Le Seigneur regarde les justes,
il écoute, attentif à leurs cris.
Le Seigneur affronte les méchants
pour effacer de la terre leur mémoire. ℟

Le Seigneur entend ceux qui l'appellent :
de toutes leurs angoisses, il les délivre.
Il est proche du cœur brisé,
il sauve l'esprit abattu. ℟

### *Acclamation de l'Évangile*

***Ta Parole, Seigneur, est vérité, et ta loi, délivrance.*** L'homme ne vit pas seulement de pain, mais de toute parole qui sort de la bouche de Dieu. ***Ta Parole, Seigneur, est vérité, et ta loi, délivrance.***

## *Évangile de Jésus Christ*

selon saint Matthieu (6, 7-15)

*« Vous donc, priez ainsi »*

**En ce temps-là, Jésus disait à ses disciples : « Lorsque vous priez, ne rabâchez pas comme les païens : ils s'imaginent qu'à force de paroles ils seront exaucés. Ne les imitez donc pas, car votre Père sait de quoi vous**

avez besoin, avant même que vous l'ayez demandé. Vous donc, priez ainsi : Notre Père, qui es aux cieux, que ton nom soit sanctifié, que ton règne vienne, que ta volonté soit faite sur la terre comme au ciel. Donne-nous aujourd'hui notre pain de ce jour. Remets-nous nos dettes, comme nous-mêmes nous remettons leurs dettes à nos débiteurs. Et ne nous laisse pas entrer en tentation, mais délivre-nous du Mal.
« Car, si vous pardonnez aux hommes leurs fautes, votre Père céleste vous pardonnera aussi. Mais si vous ne pardonnez pas aux hommes, votre Père non plus ne pardonnera pas vos fautes. »

### *Prière sur les offrandes*

Dieu, créateur tout-puissant, accepte nos présents, reçus de ta grande générosité ; tu nous les as donnés comme secours pour notre vie sur la terre : dans ta bonté, transforme-les en vue de la vie éternelle. Par le Christ, notre Seigneur. **—*Amen.***

*Préface du Carême, p. 217.*

### *Antienne de la communion*

Quand je crie, réponds-moi,
Dieu, ma justice !
Toi qui me libères
dans la détresse, pitié
pour moi, écoute ma prière !
(Ps 4, 2)

### *Prière après la communion*

Seigneur, nous te prions : tandis que nous modérons nos désirs terrestres, qu'il nous soit donné, par ces mystères, d'apprendre à aimer les biens du ciel. Par le Christ, notre Seigneur.
**—*Amen.***

### *Prière sur le peuple*

*Le prêtre peut dire la prière suivante :*

Que tes fidèles, Seigneur Dieu, trouvent en ta bénédiction une force nouvelle : sois pour eux consolation dans la tristesse, patience dans l'épreuve, secours dans le péril. Par le Christ, notre Seigneur. — ***Amen.***

## INVITATION

Sainte Jacinthe Marto, jeune voyante de Fatima, est fêtée ce jour. Je pourrais demander l'intercession de Marie pour les enfants gravement malades.

## COMMENTAIRE

### Du pain divin

Matthieu 6, 7-15

**Lorsque la pluie vient à manquer, on mesure mieux à quel point son arrivée est vitale pour féconder la terre et nourrir ses habitants. Il en va de même de la parole de Dieu. Sans elle, nos terres intérieures demeurent stériles mais celles qui la reçoivent portent du fruit en abondance. Ouvrons-nous largement à cette semence divine dont notre âme est avide. Oui Seigneur, « donne-nous le pain de ce jour ».** ■

***Bénédicte de la Croix,*** *cistercienne*

# MERCREDI 21 FÉVRIER 2024

1RE SEMAINE DE CARÊME COULEUR LITURGIQUE : VIOLET

**Temps du Carême,** *messe de la férie*
*(Saint Pierre Damien)*

*Antienne d'ouverture*

**Rappelle-toi, Seigneur, ta tendresse, ton amour qui est de toujours.**
**Ne laisse pas triompher nos ennemis.**
**Libère-nous, Dieu d'Israël, de toutes nos angoisses.**
(cf. Ps 24, 6.2.22)

*Prière*

Regarde, Seigneur, avec bienveillance ton peuple qui cherche à mieux te servir : tandis que nous maîtrisons notre corps par des privations, accorde-nous d'agir selon le bien, et d'être renouvelés dans notre esprit. Par Jésus… — ***Amen.***

## Lecture

du livre du prophète Jonas (3, 1-10)

*« Les gens de Ninive se détournèrent de leur conduite mauvaise »*

**La parole du Seigneur fut adressée à Jonas : « Lève-toi, va à Ninive, la grande ville païenne, proclame le message que je te donne sur elle. » Jonas se leva et partit pour Ninive, selon la parole du Seigneur. Or, Ninive était une ville extraordinairement grande : il fallait trois jours pour la traverser. Jonas la parcourut une journée à peine en proclamant : « Encore quarante jours, et Ninive sera détruite ! » Aussitôt, les gens de**

18 - 24

Ninive crurent en Dieu. Ils annoncèrent un jeûne, et tous, du plus grand au plus petit, se vêtirent de toile à sac. La chose arriva jusqu'au roi de Ninive. Il se leva de son trône, quitta son manteau, se couvrit d'une toile à sac, et s'assit sur la cendre. Puis il fit crier dans Ninive ce décret du roi et de ses grands : « Hommes et bêtes, gros et petit bétail, ne goûteront à rien, ne mangeront pas et ne boiront pas. Hommes et bêtes, on se couvrira de toile à sac, on criera vers Dieu de toute sa force, chacun se détournera de sa conduite mauvaise et de ses actes de violence. Qui sait si Dieu ne se ravisera pas et ne se repentira pas, s'il ne reviendra pas de l'ardeur de sa colère ? Et alors nous ne périrons pas ! » En voyant leur réaction, et comment ils se détournaient de leur conduite mauvaise, Dieu renonça au châtiment dont il les avait menacés.
– Parole du Seigneur.

## *Psaume* 50 (51)

**℟ *Tu ne repousses pas, ô mon Dieu, un cœur brisé et broyé.***

Pitié pour moi, mon Dieu, dans ton amour,
selon ta grande miséricorde, efface mon péché.
Lave-moi tout entier de ma faute,
purifie-moi de mon offense. ℟

Crée en moi un cœur pur, ô mon Dieu,
renouvelle et raffermis
au fond de moi mon esprit.
Ne me chasse pas loin de ta face,
ne me reprends pas ton esprit saint. ℟

Si j'offre un sacrifice, tu n'en veux pas,
tu n'acceptes pas d'holocauste.
Le sacrifice qui plaît à Dieu, c'est un esprit brisé ;
tu ne repousses pas, ô mon Dieu,
un cœur brisé et broyé. ℟

### Acclamation de l'Évangile

***Gloire à toi, Seigneur, honneur, puissance et majesté !*** Maintenant, dit le Seigneur, revenez à moi de tout votre cœur, car je suis tendre et miséricordieux. ***Gloire à toi, Seigneur, honneur, puissance et majesté !***

## Évangile de Jésus Christ

selon saint Luc (11, 29-32)

*« À cette génération il ne sera donné que le signe de Jonas le prophète »*

**En ce temps-là, comme les foules s'amassaient, Jésus se mit à dire : « Cette génération est une génération mauvaise : elle cherche un signe, mais en fait de signe il ne lui sera donné que le signe de Jonas. Car Jonas a été un signe pour les habitants de Ninive ; il en sera de même avec le Fils de l'homme pour cette génération. Lors du Jugement, la reine de Saba se dressera en même temps que les hommes de cette génération, et elle les condamnera. En effet, elle est venue des extrémités de la terre pour écouter la sagesse de Salomon, et il y a ici bien plus que Salomon. Lors du Jugement, les habitants de Ninive se lèveront en même temps que cette génération, et ils la condamneront ; en effet, ils se sont convertis* en réponse à la proclamation faite par Jonas, et il y a ici bien plus que Jonas. »**



### Prière sur les offrandes

Nous te présentons, Seigneur, les biens que tu nous as donnés pour qu'ils soient consacrés à ton nom : et puisque tu en fais pour nous un sacrement, permets qu'ils nous apportent aussi l'éternelle guérison. Par le Christ, notre Seigneur. — ***Amen.***

# MERCREDI 21 FÉVRIER 2024

*Préface du Carême, p. 217.*

### *Antienne de la communion*

Allégresse pour tous ceux
qui espèrent en toi, Seigneur :
ils exulteront dans l'éternité
et tu habiteras parmi eux !
(cf. Ps 5, 12)

### *Prière après la communion*

Seigneur Dieu, tu ne cesses pas de nous donner tes sacrements en nourriture ; fais que cet aliment, reçu de ta bonté, nous apporte la vie éternelle. Par le Christ, notre Seigneur. – ***Amen.***

### *Prière sur le peuple*

*Le prêtre peut dire la prière suivante :*

Protège ton peuple, Seigneur ; dans ta miséricorde, purifie-le de tout péché, car nul malheur ne peut nuire à celui qu'aucun mal ne domine. Par le Christ, notre Seigneur. – ***Amen.***

## INVITATION

La première lecture de ce jour évoque Ninive. C'est l'occasion de confier à Jésus les chrétiens d'Irak qui sont persécutés et souvent contraints à l'exil.

## COMMENTAIRE

### Les bienfaits du jeûne

Jonas 3, 1-10

À la voix de Jonas, les habitants de Ninive cessèrent de manger en signe de conversion, relayés par un décret du roi. Pourquoi associer retour à Dieu et jeûne ? Saturés de biens de consommation, nous n'éprouvons plus le manque. Nos envies rebondissent d'un objet à l'autre, dans une insatisfaction permanente. Éprouver la faim et la soif réveille notre désir, nous rappelant notre condition de créatures, dépendantes de la source de tout bien. ■

***Bénédicte de la Croix**, cistercienne*

## ✻ CLÉ DE LECTURE

### « Ils se sont convertis »

Luc 11, 32 *(p. 157)*

Comme à la synagogue de Nazareth, Jésus provoque ses proches en citant l'exemple de païens notoires : Ninive, la capitale de l'Assyrie, et la légendaire reine de Saba. Le texte insiste sur le refus de ceux à qui l'Évangile est annoncé, alors que des peuples très éloignés ont accueilli la parole de Dieu et ont changé de vie. Au-delà des auditeurs juifs de Jésus, les évangélistes visent les chrétiens de leurs Églises qui, déjà, se refermaient sur leurs certitudes, prompts à exclure de nouveaux venus. Mais plutôt qu'une condamnation de ceux qui refusent, on peut y voir la reprise d'un thème paulinien (Rm 11, 30-36) : dans l'ordre du retour à Dieu, une émulation est possible entre les peuples, s'édifiant les uns les autres, à tour de rôle selon les époques ! ■

***Roselyne Dupont-Roc**, bibliste*

# JEUDI 22 FÉVRIER 2024

COULEUR LITURGIQUE : BLANC

**Chaire de saint Pierre, apôtre**

### *Antienne d'ouverture*

**Le Seigneur dit à Pierre :**
**« J'ai prié pour toi, afin que ta foi ne défaille pas.**
**Toi donc, quand tu seras revenu, affermis tes frères. »**
(Lc 22, 32)

### *Gloire à Dieu* *(p. 213)*

### *Prière*

Nous t'en prions, Dieu tout-puissant : fais que rien ne parvienne à nous ébranler, puisque tu nous as établis solidement sur la pierre de la foi confessée par ton apôtre. Par Jésus… ***— Amen.***

*Lectures propres à la fête de la Chaire de saint Pierre, apôtre.*

## Lecture

de la première lettre de saint Pierre apôtre (5, 1-4)

*« Moi qui suis ancien et témoin des souffrances du Christ »*

Bien-aimés, les anciens en fonction parmi vous, je les exhorte, moi qui suis ancien comme eux et témoin des souffrances du Christ, communiant à la gloire qui va se révéler : soyez les pasteurs du troupeau de

Dieu qui se trouve chez vous ; veillez sur lui, non par contrainte mais de plein gré, selon Dieu ; non par cupidité mais par dévouement ; non pas en commandant en maîtres à ceux qui vous sont confiés, mais en devenant les modèles du troupeau. Et, quand se manifestera le Chef des pasteurs, vous recevrez la couronne de gloire qui ne se flétrit pas. – Parole du Seigneur.

## *Psaume* 22 (23)

℟ ***Le Seigneur est mon berger : rien ne saurait me manquer.***

Le Seigneur est mon berger :
je ne manque de rien.
Sur des prés d'herbe fraîche,
il me fait reposer. ℟

Il me mène vers les eaux tranquilles
et me fait revivre ;
il me conduit par le juste chemin
pour l'honneur de son nom. ℟

Si je traverse les ravins de la mort,
je ne crains aucun mal,
car tu es avec moi :
ton bâton me guide et me rassure. ℟

Tu prépares la table pour moi
devant mes ennemis ;
tu répands le parfum sur ma tête,
ma coupe est débordante. ℟

Grâce et bonheur m'accompagnent
tous les jours de ma vie ;
j'habiterai la maison du Seigneur
pour la durée de mes jours. ℟

*Acclamation de l'Évangile*

***Gloire à toi, Seigneur, gloire à toi!*** Tu es Pierre, et sur cette pierre je bâtirai mon Église ; et la puissance de la Mort ne l'emportera pas sur elle. ***Gloire à toi, Seigneur, gloire à toi!***

## *Évangile de Jésus Christ*

selon saint Matthieu (16, 13-19)

*« Tu es Pierre, et je te donnerai les clés du royaume des Cieux »*

En ce temps-là, Jésus, arrivé dans la région de Césarée-de-Philippe, demandait à ses disciples : « Au dire des gens, qui est le Fils de l'homme ? » Ils répondirent : « Pour les uns, Jean le Baptiste ; pour d'autres, Élie ; pour d'autres encore, Jérémie ou l'un des prophètes. » Jésus leur demanda : « Et vous, que dites-vous ? Pour vous, qui suis-je* ? » Alors Simon-Pierre prit la parole et dit : « Tu es le Christ, le Fils du Dieu vivant ! » Prenant la parole à son tour, Jésus lui dit : « Heureux es-tu, Simon fils de Yonas : ce n'est pas la chair et le sang qui t'ont révélé cela, mais mon Père qui est aux cieux. Et moi, je te le déclare : Tu es Pierre, et sur cette pierre je bâtirai mon Église ; et la puissance de la Mort ne l'emportera pas sur elle. Je te donnerai les clés du royaume des Cieux : tout ce que tu auras lié sur la terre sera lié dans les cieux, et tout ce que tu auras délié sur la terre sera délié dans les cieux. »

### *Prière sur les offrandes*

Dans ta bonté, Seigneur, accepte l'offrande et la prière de ton Église : puisqu'elle tient de l'enseignement du bienheureux Pierre l'intégrité de la foi, fais que, sous la conduite d'un tel pasteur, elle parvienne à l'héritage éternel. Par le Christ, notre Seigneur. — ***Amen.***

*1re préface des Apôtres, p. 220.*

### *Antienne de la communion*

Pierre dit à Jésus : « Tu es le Christ,
le Fils du Dieu vivant. »
Jésus lui répondit : « Tu es Pierre,
et sur cette pierre je bâtirai
mon Église. »
(cf. Mt 16, 16.18)

### *Prière après la communion*

Tu nous as fortifiés, Seigneur Dieu, en cette fête du bienheureux apôtre Pierre par la communion au corps et au sang du Christ ; que cet échange où nous sommes rachetés soit pour nous sacrement d'unité et de paix. Par le Christ, notre Seigneur. — ***Amen.***



## INVITATION

Je pourrais demander à quelqu'un de calligraphier mon psaume préféré et le déposer dans mon coin prière.

## COMMENTAIRE

### Une lignée d'apôtres

La fête célébrée aujourd'hui porte un nom étrange. En liturgie, le symbole est roi : la « Chaire de saint Pierre » matérialise l'autorité du pape, son rôle de serviteur de la vérité. Cette vénérable cathèdre, enchâssée dans les œuvres du Bernin (1598-1680), garde mémoire de la longue chaîne d'hommes de foi, traversant les siècles. De Pierre jusqu'à François, une belle fidélité à accompagner par la prière pour édifier l'Église. ■

*Bénédicte de la Croix*, cistercienne

## ❊ CLÉ DE LECTURE

### « Qui suis-je ? »

Matthieu 16, 15 *(p. 162)*

Jésus ne se définit pas lui-même, il laisse à d'autres le soin de le faire. Chacun s'y essaie, et les chrétiens n'ont cessé de le faire au cours des siècles dans une quête dont témoignent les grands conciles, la liturgie, les théologiens… Pierre, le premier, le reconnaît comme Christ et Fils de Dieu, au moins chez Matthieu, autrement chez Marc ou Luc. Et Jésus approuve cette déclaration inspirée par Dieu lui-même, une approche sûre de la vérité. Pourtant, aussitôt après, Pierre perdra pied, incapable d'accepter qu'un chemin de souffrance et de mort attende celui en qui il a mis sa foi. Et Jésus le repoussera durement : « Passe derrière moi, Satan ! » (Mt 16, 23). Tant il reste difficile et éprouvant de dire qui il est : cela exige de reprendre sans cesse le chemin à sa suite ! ■

*Roselyne Dupont-Roc*, bibliste

# VENDREDI 23 FÉVRIER 2024

**1RE SEMAINE DE CARÊME COULEUR LITURGIQUE : VIOLET**

**Temps du Carême,** *messe de la férie*
*(Saint Polycarpe)*

## *Antienne d'ouverture*

**Tire-moi de ma détresse, Seigneur.**
**Vois ma misère et ma peine,**
**enlève tous mes péchés.** (cf. Ps 24, 17-18)

## *Prière*

Accorde à tes fidèles, Seigneur, nous t'en prions, de s'appliquer comme il convient à la préparation de Pâques : que la pénitence imposée chaque année à notre corps porte en nous tous du fruit pour nos âmes. Par Jésus… ***— Amen.***

## *Lecture*

du livre du prophète Ézékiel (18, 21-28)

18 - 24

*« Prendrais-je donc plaisir à la mort du méchant, et non pas plutôt à ce qu'il se détourne de sa conduite et qu'il vive ? »*

**Ainsi parle le Seigneur Dieu : Si le méchant se détourne de tous les péchés qu'il a commis, s'il observe tous mes décrets, s'il pratique le droit et la justice, c'est certain, il vivra, il ne mourra pas. On ne se souviendra d'aucun des crimes qu'il a commis, il vivra à cause de la justice qu'il a pratiquée. Prendrais-je donc plaisir à la mort du méchant – oracle du Seigneur Dieu –, et non pas plutôt à ce qu'il se détourne de sa conduite et qu'il vive* ?**

Mais le juste, s'il se détourne de sa justice et fait le mal en imitant toutes les abominations du méchant, il le ferait et il vivrait ? Toute la justice qu'il avait pratiquée, on ne s'en souviendra plus : à cause de son infidélité et de son péché, il mourra ! Et pourtant vous dites : « La conduite du Seigneur n'est pas la bonne. » Écoutez donc, fils d'Israël : est-ce ma conduite qui n'est pas la bonne ? N'est-ce pas plutôt la vôtre ? Si le juste se détourne de sa justice, commet le mal, et meurt dans cet état, c'est à cause de son mal qu'il mourra. Si le méchant se détourne de sa méchanceté pour pratiquer le droit et la justice, il sauvera sa vie. Il a ouvert les yeux et s'est détourné de ses crimes. C'est certain, il vivra, il ne mourra pas. – Parole du Seigneur.

## *Psaume* 129 (130)

℟ ***Si tu retiens les fautes, Seigneur, Seigneur, qui subsistera ?***

Des profondeurs je crie vers t<u>o</u>i, Seigneur,
Seigneur, éco<u>u</u>te mon appel !
Que ton oreille se f<u>a</u>sse attentive
au cr<u>i</u> de ma prière ! ℟

Si tu retiens les fa<u>u</u>tes, Seigneur,
Seigneur, qu<u>i</u> subsistera ?
Mais près de toi se tro<u>u</u>ve le pardon
pour que l'h<u>o</u>mme te craigne. ℟

J'espère le Seigneur de to<u>u</u>te mon âme ;
je l'espère, et j'att<u>e</u>nds sa parole.
Mon âme att<u>e</u>nd le Seigneur
plus qu'un veilleur ne gu<u>e</u>tte l'aurore. ℟

Oui, près du Seigne<u>u</u>r, est l'amour ;
près de lui, ab<u>o</u>nde le rachat.
C'est lui qui rachèter<u>a</u> Israël
de to<u>u</u>tes ses fautes. ℟

*Acclamation de l'Évangile*

***Ta parole, Seigneur, est vérité, et ta loi, délivrance.*** Rejetez tous les crimes que vous avez commis, faites-vous un cœur nouveau et un esprit nouveau. ***Ta parole, Seigneur, est vérité, et ta loi, délivrance.***

## Évangile de Jésus Christ

selon saint Matthieu (5, 20-26)

*« Va d'abord te réconcilier avec ton frère »*

En ce temps-là, Jésus disait à ses disciples : « Je vous le dis : Si votre justice ne surpasse pas celle des scribes et des pharisiens, vous n'entrerez pas dans le royaume des Cieux. Vous avez appris qu'il a été dit aux anciens : *Tu ne commettras pas de meurtre*, et si quelqu'un commet un meurtre, il devra passer en jugement. Eh bien ! moi, je vous dis : Tout homme qui se met en colère contre son frère devra passer en jugement. Si quelqu'un insulte son frère, il devra passer devant le tribunal. Si quelqu'un le traite de fou, il sera passible de la géhenne de feu. Donc, lorsque tu vas présenter ton offrande à l'autel, si, là, tu te souviens que ton frère a quelque chose contre toi, laisse ton offrande, là, devant l'autel, va d'abord te réconcilier avec ton frère, et ensuite viens présenter ton offrande. Mets-toi vite d'accord avec ton adversaire pendant que tu es en chemin avec lui, pour éviter que ton adversaire ne te livre au juge, le juge au garde, et qu'on ne te jette en prison. Amen, je te le dis : tu n'en sortiras pas avant d'avoir payé jusqu'au dernier sou. »

### *Prière sur les offrandes*

Accueille avec bonté, Seigneur, le sacrifice que nous te présentons : c'est par lui que tu as voulu nous réconcilier avec toi et nous rendre à la vie dans la puissance de ton amour. Par le Christ, notre Seigneur. ***– Amen.***

*Préface du Carême, p. 217.*

### *Antienne de la communion*

Par ma vie – oracle du Seigneur
Dieu – je ne prends pas plaisir
à la mort du méchant,
je désire plutôt qu'il se détourne
de sa conduite et qu'il vive. (Ez 33, 11)

### *Prière après la communion*

Que la nourriture sainte de ton sacrement nous renouvelle, Seigneur ; qu'elle nous purifie de nos anciennes manières de vivre pour nous faire participer au mystère du salut. Par le Christ, notre Seigneur. ***– Amen.***

### *Prière sur le peuple*

*Le prêtre peut dire la prière suivante :*

Jette un regard de tendresse sur ton peuple, Seigneur : que se réalise intérieurement ce qu'il manifeste par une observance extérieure. Par le Christ, notre Seigneur. ***– Amen.***

## INVITATION

Avec qui puis-je tenter de me réconcilier ?
Avec moi-même, avec les autres, avec Dieu ?

## COMMENTAIRE

### Une règle d'or

Matthieu 5, 20-26

**Pour Jésus, la réconciliation est plus urgente que l'offrande présentée au Temple. Celle-ci ne semble pas pouvoir être agréée si le différend n'a pas été préalablement réglé. Dans sa Règle de vie, saint Benoît exhorte ainsi ses disciples : « Rétablir la paix avant le coucher du soleil avec celui dont nous sépare la discorde, et ne jamais désespérer de la miséricorde de Dieu. » À méditer avant d'aller au lit.** ■

***Bénédicte de la Croix**, cistercienne*

## ✻ CLÉ DE LECTURE

### « Qu'il vive »

Ézékiel 18, 23 *(p. 165)*

*(p. 165)*

**Ézékiel a probablement été le premier à introduire dans la réflexion d'Israël la notion de responsabilité individuelle. Là où régnait le poids d'une fatalité héréditaire et d'une vengeance qui faisait retomber sur les descendants la faute des pères, il affirme : « Celui qui pèche, c'est lui qui mourra. » Mais le prophète met aussi en cause la justice rétributive. Le châtiment et la mort ne sont jamais la volonté de Dieu. Car pour chaque être humain, Dieu veut la vie et le bien. Et l'annonce du châtiment est toujours appel à la conversion : Dieu ne prend pas plaisir à la mort du pécheur, il attend sans relâche un retour vers lui, attentif au moindre geste et au moindre signe de justice. Jusqu'au bout et malgré tout, il attend le fils perdu.** ■

***Roselyne Dupont-Roc**, bibliste*

# SAMEDI 24 FÉVRIER 2024

1re SEMAINE DE CARÊME COULEUR LITURGIQUE : VIOLET

**Temps du Carême,** *messe de la férie*

### *Antienne d'ouverture*

**La loi du Seigneur est parfaite,**
**elle convertit les âmes ;**
**la charte du Seigneur est sûre,**
**qui rend sages les simples.**
(cf. Ps 18, 8)

### *Prière*

Tourne vers toi notre cœur, Père éternel, afin que, dans la recherche constante de l'unique nécessaire et en pratiquant la charité, nous te rendions hommage par toute notre vie. Par Jésus… ***— Amen.***

## Lecture

du livre du Deutéronome (26, 16-19)

*« Tu seras un peuple consacré au Seigneur ton Dieu »*

**Moïse disait au peuple d'Israël : « Aujourd'hui le Seigneur ton Dieu te commande de mettre en pratique ces décrets et ces ordonnances. Tu veilleras à les pratiquer de tout ton cœur et de toute ton âme. Aujourd'hui tu as obtenu du Seigneur cette déclaration : lui sera ton Dieu ; toi, tu suivras ses chemins, tu garderas ses décrets, ses commandements et ses ordonnances,**

tu écouteras sa voix. Aujourd'hui le Seigneur a obtenu de toi cette déclaration : tu seras son peuple, son domaine particulier, comme il te l'a dit, tu devras garder tous ses commandements. Il te fera dépasser en prestige, renommée et gloire toutes les nations qu'il a faites, et tu seras un peuple consacré au Seigneur ton Dieu, comme il l'a dit. »
– Parole du Seigneur.

## *Psaume* 118 (119)

℟ ***Heureux ceux qui marchent suivant la loi du Seigneur !***

Heureux les hommes intègres
dans leurs voies
qui marchent suivant la loi du Seigneur !
Heureux ceux qui gardent ses exigences,
ils le cherchent de tout cœur ! ℟

Toi, tu promulgues des préceptes
à observer entièrement.
Puissent mes voies s'affermir
à observer tes commandements ! ℟

D'un cœur droit, je pourrai te rendre grâce,
instruit de tes justes décisions.
Tes commandements, je les observe :
ne m'abandonne pas entièrement. ℟

### *Acclamation de l'Évangile*

***Gloire au Christ, Parole éternelle du Dieu vivant. Gloire à toi, Seigneur.*** Voici maintenant le moment favorable, voici maintenant le jour du salut. ***Gloire au Christ, Parole éternelle du Dieu vivant. Gloire à toi, Seigneur.***

## Évangile de Jésus Christ

selon saint Matthieu (5, 43-48)

*Soyez parfaits comme votre Père céleste est parfait*

En ce temps-là, Jésus disait à ses disciples : « Vous avez appris qu'il a été dit : *Tu aimeras ton prochain* et tu haïras ton ennemi. Eh bien ! moi, je vous dis : Aimez vos ennemis, et priez pour ceux qui vous persécutent, afin d'être vraiment les fils de votre Père qui est aux cieux ; car il fait lever son soleil sur les méchants et sur les bons, il fait tomber la pluie sur les justes et sur les injustes. En effet, si vous aimez ceux qui vous aiment, quelle récompense méritez-vous ? Les publicains eux-mêmes n'en font-ils pas autant ? Et si vous ne saluez que vos frères, que faites-vous d'extraordinaire ? Les païens eux-mêmes n'en font-ils pas autant ? Vous donc, vous serez parfaits comme votre Père céleste est parfait. »

### *Prière sur les offrandes*

Nous t'en prions, Seigneur, que les saints mystères qui nous renouvellent, nous disposent à recevoir comme il convient le don qu'ils nous apportent. Par le Christ, notre Seigneur. — ***Amen.***

*Préface du Carême, p. 217.*

### *Antienne de la communion*

Soyez parfaits comme votre Père céleste est parfait, dit le Seigneur.
(cf. Mt 5, 48)

### *Prière après la communion*

Que ta bienveillance, Seigneur, accompagne toujours ceux dont tu refais les forces par le sacrement divin ; tu les as instruits de tes enseignements : que le réconfort de ton salut les soutienne. Par le Christ, notre Seigneur.
**— *Amen.***

### *Prière sur le peuple*

*Le prêtre peut dire la prière suivante :*
Seigneur Dieu, que tes fidèles trouvent une force nouvelle dans la bénédiction qu'ils attendent de toi : qu'elle les aide à ne jamais s'écarter de ta volonté et à toujours se réjouir de tes bienfaits. Par le Christ, notre Seigneur. **— *Amen.***

## INVITATION

Que puis-je faire « d'extraordinaire » ? Aimer mes ennemis ? prier pour ceux qui me persécutent ?

## COMMENTAIRE

### Le chrétien, un antihéros

Matthieu 5, 43-48

**Pour Jésus, le premier venu est un enfant bien-aimé du Père, lui qui « fait lever son soleil sur les méchants et sur les bons ». C'est donc au croyant d'aller à la rencontre de l'autre, quel qu'il soit. Impossible d'aimer nos ennemis, ceux qui nous font le mal, tyrannisent des innocents. C'est vrai et le chrétien n'a rien d'un héros, mais il peut se faire mendiant. Jamais le Dieu miséricordieux ne refuse son Esprit à ceux qui le supplient. ■**

***Bénédicte de la Croix**, cistercienne*

# DIMANCHE 25 FÉVRIER 2024

## 2E DIMANCHE DE CARÊME

ANNÉE B – COULEUR LITURGIQUE : VIOLET

**« Me voici ! »** Telle est la réponse d’Abraham à l’appel du Seigneur, et sa fidélité nous émerveille. Sommes-nous prêts à suivre le chemin que Dieu nous trace ? Jésus transfiguré éclaire nos pas. Il confie à chacun la mission de l’Église, l’annonce de la Bonne Nouvelle de la Résurrection. Demeurons à l’écoute de sa parole et rendons grâce pour notre salut.

## RITES INITIAUX

***Chant d'entrée*** *(Suggestions p. 243)*

*OU*

***Antienne d'ouverture***

Rappelle-toi, Seigneur, ta tendresse, ton amour qui est de toujours. Ne laisse pas triompher nos ennemis. Libère-nous, Dieu d'Israël, de toutes nos angoisses. (cf. Ps 24, 6.2.22)

*OU*

En mon cœur je t'ai dit : « Je cherche ton visage, c'est ta face, Seigneur, que je cherche : ne me cache pas ta face. » (cf. Ps 26, 8-9)

***Suggestion de préparation pénitentielle*** *(ou p. 211)*

Frères et sœurs, préparons-nous à célébrer le mystère de l'eucharistie en reconnaissant que nous avons péché.

Par ce Carême, Seigneur, tu fais grandir en nos cœurs des fruits de vie, prends pitié de nous, Seigneur.

***— Nous avons péché contre toi.***

Par ta parole, tu nous gardes fidèles à ton amour. Montre-nous, Seigneur, ta miséricorde. ***— Et donne-nous ton salut.***

*OU*

*(G 31-58 ; Messe Vienne ton royaume ; Enfant bien-aimé de ton Père )*

Enfant bien-aimé de ton Père, envoyé de Dieu, écoute-nous !

***— Kyrie, Kyrie, Kyrie eleison !***

Jésus Serviteur, notre frère, vainqueur de la mort, pardonne-nous !
***— Christe, Christe, Christe eleison !***
Seigneur élevé dans la gloire, notre défenseur, délivre-nous !
***— Kyrie, Kyrie, Kyrie eleison !***

Que Dieu tout-puissant nous fasse miséricorde ; qu'il nous pardonne nos péchés et nous conduise à la vie éternelle. ***— Amen.***

*Pendant le Carême, on omet le Gloire à Dieu.*

### *Prière*

Seigneur Dieu, tu nous as dit d'écouter ton Fils bien-aimé ; fais-nous trouver dans ta parole la nourriture de notre vie spirituelle, afin que, d'un regard purifié, nous ayons la joie de contempler ta gloire. Par Jésus… ***— Amen.***

## LITURGIE DE LA PAROLE

### *Lecture* du livre de la Genèse (22, 1-2.9-13.15-18)

*Le sacrifice de notre père Abraham*

**En ces jours-là, Dieu mit Abraham à l'épreuve. Il lui dit : « Abraham ! » Celui-ci répondit : « Me voici ! » Dieu dit : « Prends ton fils, ton unique, celui que tu aimes, Isaac, va au pays de Moriah, et là tu l'offriras en holocauste sur la montagne que je t'indiquerai. » Ils arrivèrent à l'endroit que Dieu avait indiqué.**

Abraham y bâtit l'autel et disposa le bois; puis il lia son fils Isaac et le mit sur l'autel, par-dessus le bois. Abraham étendit la main et saisit le couteau pour immoler son fils. Mais l'ange du Seigneur l'appela du haut du ciel et dit : « Abraham ! Abraham ! » Il répondit : « Me voici ! » L'ange lui dit : « Ne porte pas la main sur le garçon ! Ne lui fais aucun mal ! Je sais maintenant que tu crains Dieu : tu ne m'as pas refusé ton fils, ton unique. » Abraham leva les yeux et vit un bélier retenu par les cornes dans un buisson. Il alla prendre le bélier et l'offrit en holocauste à la place de son fils. Du ciel, l'ange du Seigneur appela une seconde fois Abraham. Il déclara : « Je le jure par moi-même, oracle du Seigneur : parce que tu as fait cela, parce que tu ne m'as pas refusé ton fils, ton unique, je te comblerai de bénédictions, je rendrai ta descendance aussi nombreuse que les étoiles du ciel et que le sable au bord de la mer, et ta descendance occupera les places fortes de ses ennemis. Puisque tu as écouté ma voix, toutes les nations de la terre s'adresseront l'une à l'autre la bénédiction par le nom de ta descendance. »
– Parole du Seigneur.

## *Psaume* 115 (116B)

**℟ *Je marcherai en présence du Seigneur sur la terre des vivants.***

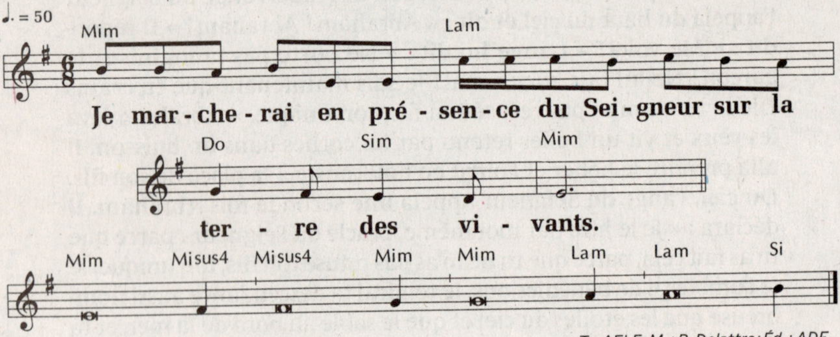


*T. : AELF; M. : B. Delattre; Éd. : ADF.*

Je crois, et je parlerai,
moi qui ai beaucoup souffert.
Il en coûte au Seigneur
de voir mourir les siens ! ℟

Ne suis-je pas, Seigneur, ton serviteur,
moi, dont tu brisas les chaînes ?
Je t'offrirai le sacrifice d'action de grâce,
j'invoquerai le nom du Seigneur. ℟

Retrouvez
ce psaume sur le CD
"Les psaumes
de l'année B"

Je tiendrai mes promesses au Seigneur,
oui, devant tout son peuple,
à l'entrée de la maison du Seigneur,
au milieu de Jérusalem ! ℟

**Lecture** de la lettre de saint Paul apôtre aux Romains (8, 31b-34)

*« Dieu n'a pas épargné son propre Fils »*

**Frères, si Dieu est pour nous, qui sera contre nous ? Il n'a pas épargné son propre Fils, mais il l'a livré pour nous tous : comment pourrait-il, avec lui, ne pas nous donner tout ? Qui accusera ceux que Dieu a choisis ? Dieu est celui qui rend juste : alors, qui pourra condamner ? Le Christ Jésus est mort ; bien plus, il est ressuscité, il est à la droite de Dieu, il intercède pour nous.**
– Parole du Seigneur.

### *Acclamation de l'Évangile*

***Gloire au Christ, Parole éternelle du Dieu vivant. Gloire à toi, Seigneur.*** De la nuée lumineuse, la voix du Père a retenti : « Celui-ci est mon Fils bien-aimé, écoutez-le ! » ***Gloire au Christ, Parole éternelle du Dieu vivant. Gloire à toi, Seigneur.***

*U77-01 ; T. : AELF ; M. : P. Robert ; ADF musique.*

## *Évangile de Jésus Christ* selon saint Marc (9, 2-10)

*« Celui-ci est mon Fils bien-aimé »*

En ce temps-là, Jésus prit avec lui Pierre, Jacques et Jean, et les emmena, eux seuls, à l'écart sur une haute montagne. Et il fut transfiguré devant eux. Ses vêtements devinrent resplendissants, d'une blancheur telle que personne sur terre ne peut obtenir une

blancheur pareille. Élie leur apparut avec Moïse, et tous deux s'entretenaient avec Jésus. Pierre alors prend la parole et dit à Jésus : « Rabbi, il est bon que nous soyons ici ! Dressons donc trois tentes : une pour toi, une pour Moïse, et une pour Élie. » De fait, Pierre ne savait que dire, tant leur frayeur était grande. Survint une nuée qui les couvrit de son ombre, et de la nuée une voix se fit entendre : « Celui-ci est mon Fils bien-aimé : écoutez-le ! » Soudain, regardant tout autour, ils ne virent plus que Jésus seul avec eux.
Ils descendirent de la montagne, et Jésus leur ordonna de ne raconter à personne ce qu'ils avaient vu, avant que le Fils de l'homme soit ressuscité d'entre les morts. Et ils restèrent fermement attachés à cette parole, tout en se demandant entre eux ce que voulait dire : « ressusciter d'entre les morts ».

### *Homélie*

### *Profession de foi* *(p. 214)*

### *Suggestion de prière universelle*

*Le prêtre :*
Auprès de son Père, le Christ intercède pour tous les hommes de ce temps. Confions-lui tous les habitants du monde, spécialement ceux qui peinent et qui souffrent.

℞ ***Seigneur, écoute-nous, Seigneur, exauce-nous !***

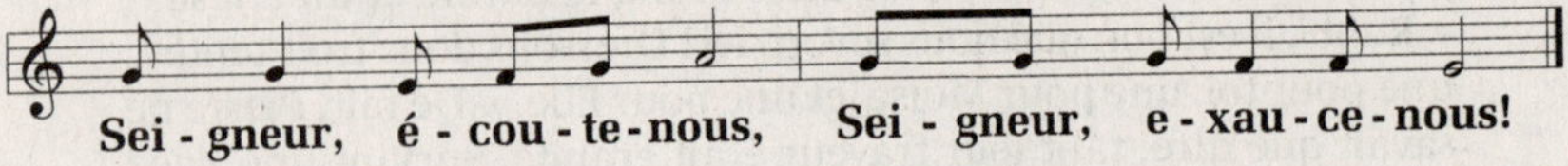


*B 38 ; T. : P.-M. Hoog ; M. : d'après la liturgie slave ; Chalet.*

*Le diacre ou un lecteur :*

Le violet du Carême, couleur de l'appel à la conversion, interpelle toute l'Église. Pour les ministres de l'Église, pour les religieux et religieuses, pour les consacrés et tous les baptisés, ensemble, supplions. ℞

La blancheur de Jésus transfiguré atteste la miséricorde du Tout-Puissant pour l'humanité. Pour les responsables politiques, pour les acteurs de la vie sociale et solidaire, ensemble, supplions. ℞

Le rouge du sang et du feu est aussi le rouge de la Passion du Fils livré pour nos péchés. Pour les malades en fin de vie, pour les blessés, pour les victimes de violence, ensemble, supplions. ℞

Le vert de la nature fait résonner en toute saison « le cri de la Terre », la douleur infligée à la Création par la surexploitation de ses richesses. Pour les pionniers de la sobriété, pour les acteurs de l'écologie, ensemble, supplions. ℞

*(Ces intentions seront adaptées ou modifiées selon les circonstances.)*

*Le prêtre :*
Seigneur Jésus Christ, viens au secours de ton peuple qui espère en ta miséricorde. Daigne écouter toutes nos prières, toi qui vis et règnes pour les siècles des siècles. ***– Amen.***

## LITURGIE EUCHARISTIQUE

### *Prière sur les offrandes*

Que cette offrande, nous t'en prions, Seigneur, nous purifie de nos péchés : qu'elle sanctifie le corps et l'esprit de tes fidèles, pour les préparer à célébrer les fêtes pascales. Par le Christ, notre Seigneur.
***– Amen.***

### *Prière eucharistique* *(Préface du 2e dimanche de Carême)*

Vraiment, il est juste et bon, pour ta gloire et notre salut, de t'offrir notre action de grâce, toujours et en tout lieu, Seigneur, Père très saint, Dieu éternel et tout-puissant, par le Christ, notre Seigneur. Après avoir prédit sa mort à ses disciples, il leur a manifesté sa splendeur sur la montagne sainte en présence de Moïse et d'Élie. Ainsi la Loi et les Prophètes témoignaient qu'il parviendrait par la passion jusqu'à la gloire de la résurrection. C'est pourquoi, avec les puissances des cieux, nous pouvons te bénir sur la terre et t'adorer sans fin en proclamant : ***Saint ! Saint ! Saint…***

### *Chant de communion* (Suggestions p. 243)

(Suggestions p. 243)

*OU*

### *Antienne de la communion*

Celui-ci est mon Fils bien-aimé,
en qui je trouve ma joie : écoutez-le !
(Mt 17, 5)

### *Prière après la communion*

Après avoir communié, Seigneur, aux mystères de ta gloire, nous tenons à te rendre grâce, car tu nous donnes déjà sur cette terre d'avoir part aux biens du ciel. Par le Christ, notre Seigneur.
***— Amen.***

### *Prière sur le peuple*

*Le prêtre peut dire la prière suivante :*
Seigneur, ne cesse pas de répandre ta bénédiction sur tes fidèles et donne-leur de s'attacher à l'Évangile de ton Fils unique ; alors, ils auront la force de tendre sans relâche vers la gloire dont il manifesta le rayonnement à ses Apôtres, et d'y parvenir eux-mêmes pour leur bonheur. Par le Christ, notre Seigneur. ***— Amen.***

## RITE DE CONCLUSION

### *Bénédiction et envoi*

**COMMENTAIRE DU DIMANCHE**

**Jean-Paul Sagadou,** prêtre assomptionniste,
rédacteur en chef de *Prions en Église* Afrique

# Sur une haute montagne !

Abraham a rencontré Dieu dans « un endroit que le Seigneur lui avait indiqué ». Cet endroit, il le nomma « Sur-le-mont-le-Seigneur-est-vu ». Sur cette montagne, une Alliance a été scellée entre Dieu et Abraham. Dieu a vu la grandeur de la foi d'Abraham et Abraham a découvert la gratuité absolue de Dieu. Ce qui s'est passé là peut s'envisager comme une révélation, une transfiguration. C'est aussi sur une « haute montagne » que Pierre, Jacques et Jean voient la manifestation de la lumière de Dieu dans le visage de son Fils Jésus. La montagne, c'est le lieu où l'homme s'élève vers Dieu et où Dieu se penche vers l'homme. C'est sur la montagne du Sinaï que Yahwé confie à Moïse les Tables de la Loi, c'est également sur le mont Horeb que Yahwé rencontre Élie. Pour voir Dieu, il faut prendre de la hauteur. •••

••• Il faut s'élever. Dès lors, la question qui se pose à nous est la suivante : quel est le « lieu » où il m'est donné de rencontrer Dieu ? Et si la « haute montagne » pour moi était d'abord mon « cœur » ? À chacun d'entre nous, Jésus transfiguré dit : « Haut les cœurs ! » Ne le cherchons pas dans le merveilleux et dans les grandes manifestations. Il est là, dans la « brise légère » et le cœur de quiconque le cherche avec humilité et simplicité. Si nous voulons entendre la voix du Père nous révéler que Jésus est son « Fils bien-aimé », il nous faut, en ce temps de Carême, emprunter les chemins de la prière. C'est la prière qui transfigure, c'est elle qui nous transforme. Il s'agit d'aller à l'écart, et dans le silence, se mettre à l'écoute de Dieu par la lecture de sa parole.

Quel est le « lieu » où il m'est donné de rencontrer Dieu ?
Quels sont les aspects de ma vie qui ont besoin d'être transformés par Dieu ? ■

Prions en Église junior

## LIRE L'ÉVANGILE AVEC LES ENFANTS

### CE QUE JE DÉCOUVRE

La montagne est le lieu où Dieu se manifeste. C'est sur une montagne que Dieu donne les Dix Commandements à Moïse. C'est aussi sur une montagne qu'il apparaît au prophète Élie. Rien d'étonnant à ce que Moïse et Élie soient à nouveau sur une montagne, aux côtés de Jésus. **Jésus est transfiguré, il est plus blanc que blanc. C'est le signe que Dieu, son Père, habite en lui.**

### CE QUE JE VIS

Qu'as-tu vu d'étonnant aujourd'hui ?
Fais-tu parfois des promesses ? À qui ?
Quand as-tu passé du temps avec Jésus ?
**Aujourd'hui, prie sur ton lit. C'est ta haute montagne où tu rencontreras Dieu dans la prière !**

Texte : Cédric Kuntz. Illustrations : Marcelino Truong

**MÉDITATION BIBLIQUE**

**2E DIMANCHE DE CARÊME**

Livre de la Genèse 22, 1-2.9-13.15-18

# Les yeux vers le haut

**Abraham fait confiance à la vie. Il sait que Dieu pourvoit généreusement.**

## Le temps de la préparation

**« Je crois, et je parlerai,**
**moi qui ai beaucoup souffert.**
**Il en coûte au Seigneur de voir**
**mourir les siens ! »**
**(Ps 115, 10.15)**

## Le temps de l'observation

Au moment où Abraham entend la voix de l'ange, le stress est à son comble. Un ange vient de contredire les propos prononcés par Dieu quelques jours auparavant. C'est dans ce moment de doute qu'Abraham lève les yeux. Il abandonne un instant Isaac, le couteau et l'acte qu'il allait commettre pour élargir son champ de vision. Cette ouverture le sauve. En déplaçant son regard, Abraham découvre une alternative. « Il alla prendre le bélier et l'offrit en holocauste à la place de son fils. »

En un instant, Abraham est capable de sortir d'une logique qui était la sienne pour emprunter un autre chemin. Le patriarche voit dans le bélier pris dans le buisson une façon de sortir de l'impasse dans laquelle il se trouve. Rien de tout cela n'aurait été possible sans ce regard élargi, ce changement de perspective par lequel il comprend qu'il y a d'autres choix possibles, d'autres théologies, d'autres façons d'exister.

## Le temps de la méditation

Quand Dieu interpelle Caïn, il lui dit : « Pourquoi es-tu irrité, pourquoi ce visage abattu ? Si tu agis bien, ne relèveras-tu pas ton visage ? » (Gn 4, 6-7). Caïn est-il en capacité de regarder ailleurs, plus loin, ou plus haut et de voir les choses différemment ? La suite du récit montrera que non. Dans le psaume, la personne cernée par la crainte, lève le regard. « Je lève les yeux vers les montagnes, d'où le secours me viendra-t-il ? » (Ps 120, 1). En levant les yeux, le psalmiste, pris au piège de son angoisse, ouvre une brèche. Il permet à la vie de passer autrement. Ces pages bibliques racontent la même chose. Dans les situations d'impasse où tout secours semble impossible, lever les yeux reste la meilleure chose à faire. Lever la tête et voir plus haut peut changer la situation. Et pourquoi ne pas laisser Dieu insuffler une réponse différente à une situation jugée, l'instant d'avant, totalement verrouillée ?

## Le temps de la prière

**« Que dire de plus ? Si Dieu est pour nous, qui sera contre nous ? » (Rm 8, 31)** ■

**Marie-Laure Durand,**
bibliste

## PARTAGE BIBLIQUE

*Environ 45 minutes* — *Une bible ou* Prions en Église, *page 176*

### LE SACRIFICE D'ABRAHAM (GN 22, 1-2.9-13.15-18)

#### Lire

Voici un récit compliqué à entendre, qui met Abraham à rude épreuve. Prenons le temps de le méditer, si possible en lisant l'intégralité du chapitre 22 de la Genèse.

#### Comprendre le texte

La preuve que Dieu attend d'Abraham est celle de son obéissance sans condition à sa parole. Dieu appelle Abraham à un acte de foi pure : sacrifier l'enfant unique par lequel peut s'accomplir la promesse d'être le père d'une multitude, sacrifier le fils de son amour dont la naissance a connu tant d'obstacles, sacrifier celui sans qui ses pérégrinations depuis Our perdent toute signification et tout sens ! Le récit ne décrit aucun sentiment chez Abraham, mais il est tout d'émotion contenue, notamment dans le dialogue entre le père et l'enfant. L'ange du Seigneur est la réplique du Seigneur lui-même : « Tu as écouté ma voix. » La mise à l'épreuve d'Abraham est bien de savoir s'il va écouter la voix du Seigneur. Les Juifs exilés à Babylone qui s'apprêtent à rentrer en Palestine peuvent s'appliquer la mise à l'épreuve d'Abraham qui, selon eux, fut déjà celle du peuple d'Israël à travers le désert : « Le Seigneur ton Dieu t'a fait parcourir depuis quarante ans dans le désert, afin de te mettre dans la pauvreté; ainsi il t'éprouvait pour connaître ce qu'il y avait dans ton cœur et savoir si tu allais, oui ou non, observer ses commandements » (cf. Dt 8, 2).

## Partager

- Qu'est-ce que Dieu attend de moi ?
- Comment est-ce que je comprends et vis l'obéissance à Dieu ?
- Quelles qualités et aptitudes sont-elles nécessaires pour se former à l'école de Dieu ?
- Ma foi est-elle assez forte pour, le moment venu, laisser mes enfants devenir autonomes ?

## Prier

Un chant de confiance s'impose : *En toi, j'ai mis ma confiance* (p. 254). ■

**Sylvain Gasser,** prêtre assomptionniste

*Une prière* de Lise Hudon-Bonin, pour ce dimanche

## Sois béni, Seigneur

Seigneur, il est bon de nous retrouver
auprès de toi qui nous rassembles en ce jour.
Tu nous invites à croire en ta parole qui offre les vivres
dont notre foi a besoin tout au long de nos jours.
Sois béni, Seigneur !
Sur notre route, nous faisons face à des difficultés.
Nous avons de nombreux défis à relever.
Tu es là, fidèle, tu éclaires nos nuits.
En dessinant pour nous un avenir plein de lumière,
tu nous incites à ne pas baisser les bras.
Sois béni, Seigneur !
Tu nous montres le visage du Père.
Nous sommes, comme toi, ses enfants bien-aimés.
Donne-nous d'y croire du plus profond de notre cœur
et de vivre avec toi dans son intimité.
Alors, nous afficherons des visages de ressuscités.

# LUNDI 26 FÉVRIER 2024

2E SEMAINE DE CARÊME COULEUR LITURGIQUE : VIOLET

**Temps du Carême,** *messe de la férie*

### *Antienne d'ouverture*

**Libère-moi, Seigneur, prends pitié de moi !**
**Sous mes pieds le terrain est sûr ;**
**dans l'assemblée je bénirai le Seigneur.** (cf. Ps 25, 11-12)

### *Prière*

Seigneur Dieu, pour guérir nos âmes, tu nous prescris de discipliner nos corps ; fais que nous puissions nous garder de tout péché et accomplir ainsi de tout cœur les préceptes de ton amour. Par Jésus… ***— Amen.***

## *Lecture*

du livre du prophète Daniel (9, 4-10)

*« Nous avons péché, nous avons commis l'iniquité »*

**Je fis au Seigneur mon Dieu cette prière et cette confession : « Ah ! toi Seigneur, le Dieu grand et redoutable, qui garde alliance et fidélité à ceux qui l'aiment et qui observent ses commandements, nous avons péché, nous avons commis l'iniquité, nous avons fait le mal, nous avons été rebelles, nous nous sommes détournés de tes commandements et de tes ordonnances. Nous n'avons pas écouté tes serviteurs les prophètes, qui ont parlé en ton nom à nos rois, à nos princes, à nos pères, à tout le**

25 - 29

peuple du pays. À toi, Seigneur, la justice ; à nous la honte au visage, comme on le voit aujourd'hui pour les gens de Juda, pour les habitants de Jérusalem et de tout Israël, pour ceux qui sont près et pour ceux qui sont loin, dans tous les pays où tu les as chassés, à cause des infidélités qu'ils ont commises envers toi. Seigneur, à nous la honte au visage, à nos rois, à nos princes, à nos pères, parce que nous avons péché contre toi. Au Seigneur notre Dieu, la miséricorde et le pardon, car nous nous sommes révoltés contre lui, nous n'avons pas écouté la voix du Seigneur, notre Dieu, car nous n'avons pas suivi les lois qu'il nous proposait par ses serviteurs les prophètes. »
– Parole du Seigneur.

## *Psaume* 78 (79)

℟ ***Seigneur, ne nous traite pas selon nos péchés.***

Combien de temps, Seigneur, durera ta colère ?
Ne retiens pas contre nous
les péchés de nos ancêtres :
que nous vienne bientôt ta tendresse,
car nous sommes à bout de force ! ℟

Aide-nous, Dieu notre Sauveur,
pour la gloire de ton nom !
Délivre-nous, efface nos fautes,
pour la cause de ton nom ! ℟

Que monte en ta présence
la plainte du captif !
Ton bras est fort : épargne ceux
qui doivent mourir.
Et nous, ton peuple,
le troupeau que tu conduis,
sans fin nous pourrons te rendre grâce. ℟

### *Acclamation de l'Évangile*

***Gloire à toi, Seigneur, Fils du Dieu vivant !*** Tes paroles, Seigneur, sont esprit et elles sont vie. Tu as les paroles de la vie éternelle. ***Gloire à toi, Seigneur, Fils du Dieu vivant !***

## *Évangile de Jésus Christ*

selon saint Luc (6, 36-38)

*« Pardonnez, et vous serez pardonnés »*

**En ce temps-là, Jésus disait à ses disciples : « Soyez miséricordieux comme votre Père est miséricordieux. Ne jugez pas, et vous ne serez pas jugés ; ne condamnez pas, et vous ne serez pas condamnés. Pardonnez, et vous serez pardonnés. Donnez, et l'on vous donnera : c'est une mesure bien pleine, tassée, secouée, débordante, qui sera versée dans le pan de votre vêtement ; car la mesure dont vous vous servez pour les autres servira de mesure aussi pour vous. »**

### *Prière sur les offrandes*

Accueille avec bienveillance nos prières, Seigneur, et rends libres devant les séductions du monde ceux que tu appelles à te servir en ces mystères divins. Par le Christ, notre Seigneur. — ***Amen.*** *Préface du Carême, p.217.*

### *Antienne de la communion*

Soyez miséricordieux
comme votre Père
est miséricordieux,
dit le Seigneur. (Lc 6, 36)

### *Prière après la communion*

Que cette communion, Seigneur, nous purifie du péché et nous donne part aux joies du ciel. Par le Christ, notre Seigneur. — ***Amen.***

### *Prière sur le peuple*

*Le prêtre peut dire la prière suivante :*

Affermis, Seigneur, le cœur de tes fidèles, rends-les forts par la puissance de ta grâce, afin qu'ils soient plus ardents à la prière et sincères dans l'amour mutuel. Par le Christ, notre Seigneur. — ***Amen.***

## INVITATION

« Soyez miséricordieux [...] Ne jugez pas [...] Pardonnez... » Quelle proposition de Jésus pourrais-je tenter d'appliquer aujourd'hui particulièrement ?

## COMMENTAIRE

### Vivre à l'image de Dieu

Luc 6, 36-38

**Dans les premiers chapitres de la Genèse, l'homme et la femme sont présentés comme créés à l'image et à la ressemblance de Dieu. Jésus précise quelle est cette ressemblance : comme Dieu être miséricordieux, ne pas juger, ne pas condamner, pardonner, donner... et alors, en retour, il sera fait miséricorde à celui qui agit comme Dieu. Seigneur, merci de m'avoir montré ton visage et merci de me demander d'agir comme tu agis. Fais que jamais je ne défigure ton image et qu'ainsi je sois un vrai disciple de ton Fils.** ■

***Gérard Naslin**, prêtre du diocèse de Nantes*

# MARDI 27 FÉVRIER 2024

**2E SEMAINE DE CARÊME** COULEUR LITURGIQUE : VIOLET

**Temps du Carême,** *messe de la férie*
*(Saint Grégoire de Narek)*

### *Antienne d'ouverture*

**Donne la lumière à mes yeux,**
**garde-moi du sommeil de la mort,**
**que l'adversaire ne crie pas :**
**« Victoire ! »** (Ps 12, 4-5)

### *Prière*

Avec une inlassable bonté, Seigneur, veille sur ton Église ; comme, sans toi, l'homme mortel succombe, puisse ton aide constante nous arracher au mal et nous diriger vers le salut. Par Jésus… ***— Amen.***

## Lecture

du livre du prophète Isaïe (1, 10.16-20)

*« Apprenez à faire le bien : recherchez le droit »*

**Écoutez la parole du Seigneur, vous qui êtes pareils aux chefs de Sodome ! Prêtez l'oreille à l'enseignement de notre Dieu, vous, peuple de Gomorrhe ! Lavez-vous, purifiez-vous, ôtez de ma vue vos actions mauvaises, cessez de faire le mal. Apprenez à faire le bien : recherchez le droit, mettez au pas l'oppresseur, rendez justice à l'orphelin, défendez la cause de la veuve. Venez, et discutons – dit le Seigneur. Si vos péchés sont comme**

l'écarlate, ils deviendront aussi blancs que neige. S'ils sont rouges comme le vermillon, ils deviendront comme de la laine. Si vous consentez à m'obéir, les bonnes choses du pays, vous les mangerez ; mais si vous refusez, si vous vous obstinez, c'est l'épée qui vous mangera. – Oui, la bouche du Seigneur a parlé.

– Parole du Seigneur.

## *Psaume* 49 (50)

℟ ***À celui qui veille sur sa conduite, je ferai voir le salut de Dieu.***

« Écoute, mon peuple, je parle ;
Israël, je te prends à témoin.
Je ne t'accuse pas pour tes sacrifices ;
tes holocaustes sont toujours
devant moi. ℟

« Vais-je manger la chair des taureaux
et boire le sang des béliers ?
Offre à Dieu le sacrifice d'action de grâce,
accomplis tes vœux envers le Très-Haut. ℟

« Qu'as-tu à réciter mes lois,
à garder mon alliance à la bouche,
toi qui n'aimes pas les reproches
et rejettes loin de toi mes paroles ? ℟

« Voilà ce que tu fais ;
garderai-je le silence ?
Penses-tu que je suis comme toi ?
Qui offre le sacrifice d'action de grâce,
celui-là me rend gloire. » ℟

## *Acclamation de l'Évangile*

***Ta parole, Seigneur, est vérité, et ta loi, délivrance.*** Rejetez tous les crimes que vous avez commis, faites-vous un cœur nouveau et un esprit nouveau. ***Ta parole, Seigneur, est vérité, et ta loi, délivrance.***

## *Évangile de Jésus Christ*
selon saint Matthieu (23, 1-12)

*« Ils disent et ne font pas »*

En ce temps-là, Jésus s'adressa aux foules et à ses disciples, et il déclara : « Les scribes et les pharisiens* enseignent dans la chaire de Moïse. Donc, tout ce qu'ils peuvent vous dire, faites-le et observez-le. Mais n'agissez pas d'après leurs actes, car ils disent et ne font pas. Ils attachent de pesants fardeaux, difficiles à porter, et ils en chargent les épaules des gens ; mais eux-mêmes ne veulent pas les remuer du doigt. Toutes leurs actions, ils les font pour être remarqués des gens : ils élargissent leurs phylactères et rallongent leurs franges ; ils aiment les places d'honneur dans les dîners, les sièges d'honneur dans les synagogues et les salutations sur les places publiques ; ils aiment recevoir des gens le titre de Rabbi. Pour vous, ne vous faites pas donner le titre de Rabbi, car vous n'avez qu'un seul maître pour vous enseigner, et vous êtes tous frères. Ne donnez à personne sur terre le nom de père, car vous n'avez qu'un seul Père, celui qui est aux cieux. Ne vous faites pas non plus donner le titre de maîtres, car vous n'avez qu'un seul maître, le Christ. Le plus grand parmi vous sera votre serviteur. Qui s'élèvera sera abaissé, qui s'abaissera sera élevé. »

### *Prière sur les offrandes*
Par ces mystères, Seigneur, Dieu de paix, accomplis en nous ton œuvre de sanctification ; qu'elle nous purifie des égarements de ce monde et nous conduise aux biens du ciel. Par le Christ, notre Seigneur. — ***Amen.***

*Préface du Carême, p. 217.*

### *Antienne de la communion*

Je dirai tes innombrables merveilles ;
pour toi, j'exulterai, je danserai,
je fêterai ton nom, Dieu Très-Haut.
(Ps 9, 2-3)

### *Prière après la communion*

Nous t'en prions, Seigneur, que ce repas, pris à la table sainte, nous aide à vivre plus saintement, et nous procure ton inépuisable pardon. Par le Christ, notre Seigneur. — ***Amen.***

### *Prière sur le peuple*

*Le prêtre peut dire la prière suivante :*

Sois favorable, Seigneur, aux supplications de tes fidèles, et guéris-les de toute lassitude : après avoir reçu la grâce du pardon, qu'ils éprouvent sans fin la joie de ta bénédiction. Par le Christ, notre Seigneur. — ***Amen.***

## INVITATION

Saint Grégoire de Narek, fêté ce jour, fut un grand poète mystique. Je peux prier pour les enfants dont la mère est, comme la sienne, morte prématurément.

## COMMENTAIRE

**Chercher la cohérence** Matthieu 23, 1-12

**Ce que Jésus dénonce chez les scribes et les pharisiens, c'est leur incohérence : « Ils disent, mais ne font pas. » S'il faut suivre leur enseignement, il ne faut pas agir comme eux. Jésus peut parler ainsi car lui-même a été en totale cohérence, tout ce qu'il a dit, il l'a fait. Ainsi s'il a demandé de se faire serviteur, lui-même s'est abaissé avant d'être élevé. Seigneur, aide-moi à réduire la distance qui existe entre mes paroles et mes actes de chaque jour.** ■

***Gérard Naslin**, prêtre du diocèse de Nantes*

## ✲ CLÉ DE LECTURE

**« Pharisiens »** Matthieu 23, 2 *(p. 199)*

**Ces lamentations sur les pharisiens chez Matthieu ont contribué à donner d'eux une image très négative, jusqu'à la formation du mot « pharisaïsme », synonyme d'hypocrisie. Or, Jésus était proche des pharisiens qui voulaient ramener vers Dieu le cœur du peuple au quotidien. Mais après la prise de Jérusalem par les Romains en 70, le judaïsme dut se reconstituer autour de la Loi : les lettrés (les scribes) et les pharisiens qui avaient échappé au massacre développèrent alors une sorte de clôture identitaire autour du judaïsme et exclurent les déviants, dont les chrétiens. Dans la polémique entre les deux courants, les « pharisiens » devinrent emblématiques d'une attitude qui guette tout courant religieux rigoriste et exclusif, le christianisme y compris.** ■

***Roselyne Dupont-Roc**, bibliste*

# MERCREDI 28 FÉVRIER 2024

**2E SEMAINE DE CARÊME** COULEUR LITURGIQUE : VIOLET

**Temps du Carême,** *messe de la férie*

### *Antienne d'ouverture*

**Ne m'abandonne jamais, Seigneur, mon Dieu, ne sois pas loin de moi. Viens vite à mon aide, Seigneur, mon salut !** (Ps 37, 22-23)

### *Prière*

Garde ta famille, Seigneur : qu'elle ne cesse de progresser en faisant le bien ; assure-lui les secours nécessaires en cette vie pour la conduire, dans ta bonté, jusqu'aux dons du ciel. Par Jésus… ***— Amen.***

## *Lecture*

du livre du prophète Jérémie (18, 18-20)

*« Allons, attaquons-le »*

Mes ennemis ont dit : « Allons, montons un complot contre Jérémie. La loi ne va pas disparaître par manque de prêtre, ni le conseil, par manque de sage, ni la parole, par manque de prophète. Allons, attaquons-le par notre langue, ne faisons pas attention à toutes ses paroles. » Mais toi, Seigneur, fais attention à moi, écoute ce que disent mes adversaires. Comment peut-on rendre le mal pour le bien ? Ils ont creusé une fosse pour me perdre. Souviens-toi que je me suis tenu en ta présence pour te parler en leur faveur, pour détourner d'eux ta colère. – Parole du Seigneur.

## *Psaume* 30 (31)

℟ ***Sauve-moi, mon Dieu, par ton amour.***

Tu m'arraches au filet qu'ils m'ont tendu ;
oui, c'est toi mon abri.
En tes mains je remets mon esprit ;
tu me rachètes, Seigneur, Dieu de vérité. ℟

J'entends les calomnies de la foule :
de tous côtés c'est l'épouvante.
Ils ont tenu conseil contre moi,
ils s'accordent pour m'ôter la vie. ℟

Moi, je suis sûr de toi, Seigneur,
je dis : « Tu es mon Dieu ! »
Mes jours sont dans ta main : délivre-moi
des mains hostiles qui s'acharnent. ℟

### *Acclamation de l'Évangile*

***Gloire et louange à toi, Seigneur Jésus !*** Moi, je suis la lumière du monde, dit le Seigneur. Celui qui me suit aura la lumière de la vie. ***Gloire et louange à toi, Seigneur Jésus !***

## *Évangile de Jésus Christ*

selon saint Matthieu (20, 17-28)

*« Ils le condamneront à mort »*

En ce temps-là, Jésus, montant à Jérusalem, prit à part les Douze disciples et, en chemin, il leur dit : « Voici que nous montons à Jérusalem. Le Fils de l'homme sera livré aux grands prêtres et aux scribes, ils le condamneront à mort et le livreront aux nations païennes pour qu'elles se moquent de lui, le flagellent et le crucifient ; le troisième jour, il ressuscitera. » Alors la mère des fils de Zébédée s'approcha de Jésus avec ses fils Jacques et Jean, et elle se prosterna pour lui faire une demande. Jésus lui dit : « Que veux-tu ? » Elle répondit : « Ordonne que mes deux fils que voici siègent, l'un à ta droite et l'autre à ta gauche, dans ton Royaume. » Jésus répondit : « Vous ne savez pas ce que vous demandez. Pouvez-vous boire la coupe que je vais boire ? » Ils lui disent : « Nous le pouvons. » Il leur dit : « Ma coupe, vous la boirez ; quant à siéger à ma droite et à ma gauche, ce n'est pas à moi de l'accorder ; il y a ceux pour qui cela est préparé par mon Père. » Les dix autres, qui avaient entendu, s'indignèrent contre les deux frères. Jésus les appela et dit : « Vous le savez : les chefs des nations les commandent en maîtres, et les grands font sentir leur pouvoir. Parmi vous, il ne devra pas en être ainsi : celui qui veut devenir grand parmi vous sera votre serviteur ; et celui qui veut être parmi vous le premier sera votre esclave. Ainsi, le Fils de l'homme n'est pas venu pour être servi, mais pour servir, et donner sa vie en rançon pour la multitude. »

### *Prière sur les offrandes*

Regarde avec bonté, Seigneur, le sacrifice que nous te présentons ; et, par cet échange qui nous sanctifie, délivre-nous des entraves du péché. Par le Christ, notre Seigneur. — ***Amen.*** *Préface du Carême, p. 217.*

### *Antienne de la communion*

Le Fils de l'homme n'est pas venu
pour être servi, mais pour servir,
et donner sa vie en rançon
pour la multitude.
(Mt 20, 28)

## *Prière après la communion*

Nous t'en prions, Seigneur notre Dieu : puisque tu as voulu que ce sacrement soit pour nous gage d'immortalité, qu'il nous soit un secours en vue de l'éternel salut. Par le Christ, notre Seigneur. ***— Amen.***

## *Prière sur le peuple*

*Le prêtre peut dire la prière suivante :*

Accorde, Seigneur, à ceux qui te servent l'abondance de ta protection et de ta grâce ; donne-leur le salut de l'âme et du corps, donne en plénitude l'amour fraternel, et fais que toujours ils s'attachent à toi. Par le Christ, notre Seigneur. ***— Amen.***

## INVITATION

Durant ce Carême, est-ce que je pense à maîtriser mes paroles, par exemple en évitant de dire des méchancetés ?

## COMMENTAIRE

### S'abaisser pour être relevé

Matthieu 20, 17-28

**Jésus monte à Jérusalem, lieu où il doit donner la plus grande preuve d'amour. La mère des fils de Zébédée voit le Royaume inauguré par Jésus avec un regard tout humain. Jésus l'invitera à envisager l'avenir de ses fils avec le regard de Dieu. Jésus renverse les valeurs : ce sont les petits et les serviteurs qui seront élevés, de même que Jésus lui-même sera élevé après s'être fait serviteur et avoir donné sa vie pour le salut du monde. Seigneur, donne-moi la force de te suivre dans ta montée vers le calvaire où tu t'es abaissé en mourant sur la Croix. ■**

***Gérard Naslin****, prêtre du diocèse de Nantes*

# JEUDI 29 FÉVRIER 2024

2E SEMAINE DE CARÊME COULEUR LITURGIQUE : VIOLET

**Temps du Carême,** *messe de la férie*

### *Antienne d'ouverture*

**Scrute-moi, mon Dieu, et tu connaîtras mon cœur.**
**Vois si je prends le chemin du mal,**
**et conduis-moi sur le chemin d'éternité.**
(cf. Ps 138, 23-24)

### *Prière*

Seigneur Dieu, toi qui aimes l'innocence et la fais recouvrer, oriente vers toi le cœur de ceux qui te servent ; ainsi, animés par la ferveur de ton Esprit, ils seront fermes dans la foi et vraiment efficaces dans l'action. Par Jésus… ***— Amen.***

## *Lecture*

du livre du prophète Jérémie (17, 5-10)

*« Maudit soit l'homme qui met sa foi dans un mortel.*
*Béni soit l'homme qui met sa foi dans le Seigneur »*

**Ainsi parle le Seigneur : Maudit soit l'homme qui met sa foi dans un mortel, qui s'appuie sur un être de chair, tandis que son cœur se détourne du Seigneur. Il sera comme un buisson sur une terre désolée, il ne verra pas venir le bonheur. Il aura pour demeure les lieux arides du désert, une terre salée, inhabitable. Béni soit l'homme qui met sa**

foi dans le Seigneur, dont le Seigneur est la confiance. Il sera comme un arbre, planté près des eaux, qui pousse, vers le courant, ses racines. Il ne craint pas quand vient la chaleur : son feuillage reste vert. L'année de la sécheresse, il est sans inquiétude : il ne manque pas de porter du fruit. Rien n'est plus faux que le cœur de l'homme, il est incurable. Qui peut le connaître ? Moi, le Seigneur, qui pénètre les cœurs et qui scrute les reins, afin de rendre à chacun selon sa conduite, selon le fruit de ses actes.

– Parole du Seigneur.

## Psaume 1

**℟ *Heureux est l'homme qui met sa foi dans le Seigneur.***

Heureux est l'homme qui n'entre pas
au conseil des méchants,
qui ne suit pas le chemin des pécheurs,
ne siège pas avec ceux qui ricanent,
mais se plaît dans la loi du Seigneur
et murmure sa loi jour et nuit ! ℟

Il est comme un arbre planté
près d'un ruisseau,
qui donne du fruit en son temps,
et jamais son feuillage ne meurt ;
tout ce qu'il entreprend réussira.
Tel n'est pas le sort des méchants. ℟

Mais ils sont comme la paille
balayée par le vent.
Le Seigneur connaît le chemin des justes,
mais le chemin des méchants se perdra. ℟

### *Acclamation de l'Évangile*

***Ta parole, Seigneur, est vérité, et ta loi, délivrance.*** Heureux ceux qui ont entendu la Parole dans un cœur bon et généreux, qui la retiennent et portent du fruit par leur persévérance. ***Ta parole, Seigneur, est vérité, et ta loi, délivrance.***

## *Évangile de Jésus Christ*

selon saint Luc (16, 19-31)

*« Tu as reçu le bonheur, et Lazare, le malheur. Maintenant, lui, il trouve ici la consolation, et toi, la souffrance »*

En ce temps-là, Jésus disait aux pharisiens : « Il y avait un homme riche, vêtu de pourpre et de lin fin, qui faisait chaque jour des festins somptueux. Devant son portail gisait un pauvre nommé Lazare, qui était couvert d'ulcères. Il aurait bien voulu se rassasier de ce qui tombait de la table du riche ; mais les chiens, eux, venaient lécher ses ulcères. Or le pauvre mourut, et les anges l'emportèrent auprès d'Abraham. Le riche mourut aussi, et on l'enterra.

« Au séjour des morts, il était en proie à la torture ; levant les yeux, il vit Abraham de loin et Lazare tout près de lui. Alors il cria : "Père Abraham, prends pitié de moi et envoie Lazare tremper le bout de son doigt dans l'eau pour me rafraîchir la langue, car je souffre terriblement dans cette fournaise.

« – Mon enfant, répondit Abraham, rappelle-toi : tu as reçu le bonheur pendant ta vie, et Lazare, le malheur pendant la sienne. Maintenant, lui, il trouve ici la consolation, et toi, la souffrance. Et en plus de tout cela, un grand abîme a été établi entre vous et nous, pour que ceux qui voudraient

passer vers vous ne le puissent pas, et que, de là-bas non plus, on ne traverse pas vers nous.”
« Le riche répliqua : “Eh bien ! père, je te prie d’envoyer Lazare dans la maison de mon père. En effet, j’ai cinq frères : qu’il leur porte son témoignage, de peur qu’eux aussi ne viennent dans ce lieu de torture !” Abraham lui dit : “Ils ont Moïse et les Prophètes : qu’ils les écoutent ! – Non, père Abraham, dit-il, mais si quelqu’un de chez les morts vient les trouver, ils se convertiront.” Abraham répondit : “S’ils n’écoutent pas Moïse ni les Prophètes, quelqu’un pourra bien ressusciter d’entre les morts : ils ne seront pas convaincus.” »

### *Prière sur les offrandes*

Par le sacrifice que nous célébrons aujourd’hui, nous t’en prions, Seigneur, sanctifie nos œuvres de pénitence, pour que ce dont témoignent extérieurement les efforts du Carême produise ses effets à l’intérieur de nous-mêmes. Par le Christ, notre Seigneur. — ***Amen.***

*Préface du Carême, p. 217.*

### *Antienne de la communion*

Heureux les hommes intègres
dans leurs voies
qui marchent suivant
la loi du Seigneur ! (Ps 118, 1)

### *Prière après la communion*

Seigneur Dieu, que ce sacrifice demeure agissant en nous et prolonge son effet dans notre vie. Par le Christ, notre Seigneur. — ***Amen.***

## *Prière sur le peuple*

*Le prêtre peut dire la prière suivante :*
Sois proche, Seigneur, de ceux qui te servent et qui implorent le secours de ta grâce, afin qu'ils trouvent en toi un rempart qui protège et une conduite de vie. Par le Christ, notre Seigneur.
***— Amen.***

## INVITATION

Aujourd'hui, je peux relire le mois qui se termine. Quelles décisions ai-je prises ? Quelles lectures ai-je préférées ? Ce Carême m'aide-t-il à grandir dans la foi ?

## COMMENTAIRE

### Écouter la voix du Seigneur

Luc 16, 19-31

**Renversement de situation : sur terre, l'homme riche connaît un certain bonheur, mais ce bonheur est au détriment du malheur de Lazare qui, lui, trouve enfin près de Dieu la consolation. C'est sur terre qu'il faut entendre la voix du Seigneur qui appelle à l'amour fraternel, spécialement près des personnes les plus pauvres. Et Moïse et les Prophètes sont les porte-parole de Dieu. Seigneur, que mon regard ne s'éloigne pas des plus petits et des plus fragiles. Alors je connaîtrai la consolation près de toi. ■**

*Gérard Naslin, prêtre du diocèse de Nantes*

# Liturgie de la messe

## RITES INITIAUX

*Le chant d'entrée achevé, le prêtre et les fidèles, debout, font le signe de la croix, tandis que le prêtre, tourné vers le peuple, dit :*

Au nom du Père, et du Fils, et du Saint-Esprit.

*Le peuple répond :*

***— Amen.***

### *Salutation*

La grâce de Jésus, le Christ, notre Seigneur, l'amour de Dieu le Père, et la communion de l'Esprit Saint soient toujours avec vous.

***— Et avec votre esprit.***

*Ou bien :* Que la grâce et la paix de Dieu notre Père et du Seigneur Jésus, le Christ, soient toujours avec vous.

***— Et avec votre esprit.***

*Ou bien :* Le Seigneur soit avec vous.

***— Et avec votre esprit.***

### *Acte pénitentiel*

Frères et sœurs, préparons-nous à célébrer le mystère de l'eucharistie, en reconnaissant que nous avons péché.

(1) Je confesse à Dieu tout-puissant, je reconnais devant vous, frères et sœurs, que j'ai péché en pensée, en parole, par action et par omission ; oui, j'ai vraiment péché. C'est pourquoi je supplie la bienheureuse Vierge Marie, les anges et tous les saints, et vous aussi, frères et sœurs, de prier pour moi le Seigneur notre Dieu.

(2) Prends pitié de nous, Seigneur. **— *Nous avons péché contre toi.***
Montre-nous, Seigneur, ta miséricorde. **— *Et donne-nous ton salut.***

(3) Seigneur Jésus, envoyé pour guérir les cœurs qui reviennent vers toi :
Seigneur, prends pitié. **— *Seigneur, prends pitié.***
Ô Christ, venu appeler les pécheurs : ô Christ, prends pitié.
**— *Ô Christ, prends pitié.***
Seigneur, qui sièges à la droite du Père où tu intercèdes pour nous :
Seigneur, prends pitié. **— *Seigneur, prends pitié.***

Que Dieu tout-puissant nous fasse miséricorde ; qu'il nous pardonne nos péchés et nous conduise à la vie éternelle. **— *Amen.***

*Ensuite, on chante ou on dit le Kyrie eleison (Seigneur, prends pitié), à moins qu'il n'ait été déjà employé dans une formule de l'acte pénitentiel (c'est le cas de la précédente).*

Kyrie, eleison. **— *Kyrie, eleison.***
Christe, eleison. **— *Christe, eleison.***
Kyrie, eleison. **— *Kyrie, eleison.***
*ou bien :* Seigneur, prends pitié. **— *Seigneur, prends pitié.***
Ô Christ, prends pitié. **— *Ô Christ, prends pitié.***
Seigneur, prends pitié. **— *Seigneur, prends pitié.***

# Gloire à Dieu

Gloire à Dieu, au plus haut des cieux, et paix sur la terre aux hommes, qu'il aime. Nous te louons, nous te bénissons, nous t'adorons, nous te glorifions, nous te rendons grâce, pour ton immense gloire, Seigneur Dieu, Roi du ciel, Dieu le Père tout-puissant.
Seigneur, Fils unique, Jésus Christ, Seigneur Dieu,
Agneau de Dieu, le Fils du Père ;
toi qui enlèves les péchés du monde, prends pitié de nous ;
toi qui enlèves les péchés du monde, reçois notre prière ;
toi qui es assis à la droite du Père, prends pitié de nous.
Car toi seul es Saint, toi seul es Seigneur, toi seul es le Très-Haut :
Jésus Christ, avec le Saint-Esprit dans la gloire de Dieu le Père. Amen.

*Gloria in excelsis Deo et in terra pax hominibus bonæ voluntatis. Laudamus te, benedicimus te, adoramus te, glorificamus te, gratias agimus tibi propter magnam gloriam tuam, Domine Deus, Rex cælestis, Deus Pater omnipotens. Domine Fili unigenite, Iesu Christe, Domine Deus, Agnus Dei, Filius Patris, qui tollis peccata mundi, miserere nobis ; qui tollis peccata mundi, suscipe deprecationem nostram.*
*Qui sedes ad dexteram Patris, miserere nobis.*
*Quoniam tu solus Sanctus, tu solus Dominus, tu solus Altissimus,*
*Iesu Christe, cum Sancto Spiritu : in gloria Dei Patris. Amen.*

# Prière d'ouverture

*Voir à la date du jour.*

*Voir à la date du jour.*

# *Profession de foi*

**Symbole de Nicée-Constantinople**

Je crois en un seul Dieu, le Père tout-puissant,
créateur du ciel et de la terre, de l'univers visible et invisible.
Je crois en un seul Seigneur, Jésus Christ, le Fils unique de Dieu,
né du Père avant tous les siècles : il est Dieu, né de Dieu,
lumière née de la lumière, vrai Dieu, né du vrai Dieu,
engendré, non pas créé, consubstantiel au Père, et par lui tout a été fait.
Pour nous les hommes, et pour notre salut, il descendit du ciel ;
par l'Esprit Saint, il a pris chair de la Vierge Marie, et s'est fait homme.
Crucifié pour nous sous Ponce Pilate,
il souffrit sa passion et fut mis au tombeau.
Il ressuscita le troisième jour, conformément aux Écritures,
et il monta au ciel ; il est assis à la droite du Père.
Il reviendra dans la gloire, pour juger les vivants et les morts ;
et son règne n'aura pas de fin.
Je crois en l'Esprit Saint, qui est Seigneur et qui donne la vie ;
il procède du Père et du Fils ; avec le Père et le Fils,
il reçoit même adoration et même gloire ; il a parlé par les prophètes.
Je crois en l'Église, une, sainte, catholique et apostolique.
Je reconnais un seul baptême pour le pardon des péchés.
J'attends la résurrection des morts, et la vie du monde à venir. Amen.

*Credo in unum Deum, Patrem omnipotentem,*
*Factorem cæli et terræ, visibilium omnium et invisibilium.*
*Et in unum Dominum Iesum Christum, Filium Dei unigenitum,*
*et ex Patre natum ante omnia sæcula.*
*Deum de Deo, lumen de lumine, Deum verum de Deo vero, genitum,*
*non factum, consubstantialem Patri : per quem omnia facta sunt.*
*Qui propter nos homines et propter nostram salutem descendit de cælis.*
*Et incarnatus est de Spiritu Sancto ex Maria Virgine, et homo factus est.*
*Crucifixus etiam pro nobis sub Pontio Pilato ;*
*passus et sepultus est, et resurrexit tertia die, secundum Scripturas,*
*et ascendit in cælum, sedet ad dexteram Patris.*
*Et iterum venturus est cum gloria, iudicare vivos et mortuos,*
*cuius regni non erit finis.*
*Et in Spiritum Sanctum, Dominum et vivificantem :*
*qui ex Patre Filioque procedit.*
*Qui cum Patre et Filio simul adoratur et conglorificatur :*
*qui locutus est per prophetas.*
*Et unam, sanctam, catholicam et apostolicam Ecclesiam.*
*Confiteor unum baptisma in remissionem peccatorum.*
*Et exspecto resurrectionem mortuorum, et vitam venturi sæculi.*
*Amen.*

**Symbole des Apôtres**

Je crois en Dieu, le Père tout-puissant, créateur du ciel et de la terre.
Et en Jésus Christ, son Fils unique, notre Seigneur,
qui a été conçu du Saint-Esprit, est né de la Vierge Marie,
a souffert sous Ponce Pilate, a été crucifié, est mort et a été enseveli,
est descendu aux enfers, le troisième jour est ressuscité des morts,
est monté aux cieux, est assis à la droite de Dieu le Père tout-puissant,
d'où il viendra juger les vivants et les morts.
Je crois en l'Esprit Saint, à la sainte Église catholique,
à la communion des saints, à la rémission des péchés,
à la résurrection de la chair, à la vie éternelle. Amen.

## *Prière universelle*

## LITURGIE EUCHARISTIQUE

## *Préparation des dons*

Tu es béni, Seigneur, Dieu de l'univers : nous avons reçu de ta bonté le pain
que nous te présentons, fruit de la terre et du travail des hommes;
il deviendra pour nous le pain de la vie. ***—Béni soit Dieu, maintenant et toujours!***
*Comme cette eau se mêle au vin pour le sacrement de l'Alliance,*
*puissions-nous être unis à la divinité de celui qui a voulu prendre notre humanité.*
Tu es béni, Seigneur, Dieu de l'univers : nous avons reçu de ta bonté le vin
que nous te présentons, fruit de la vigne et du travail des hommes;
il deviendra pour nous le vin du Royaume éternel.
***—Béni soit Dieu, maintenant et toujours!***

*Le cœur humble et contrit, nous te supplions, Seigneur, accueille-nous : que notre sacrifice, en ce jour, trouve grâce devant toi, Seigneur notre Dieu. Lave-moi de mes fautes, Seigneur, et purifie-moi de mon péché.*

## Prière sur les offrandes

Priez, frères et sœurs : que mon sacrifice, qui est aussi le vôtre, soit agréable à Dieu le Père tout-puissant.

***– Que le Seigneur reçoive de vos mains ce sacrifice à la louange et à la gloire de son nom, pour notre bien et celui de toute l'Église.***

*Ou bien :*

Prions ensemble, au moment d'offrir le sacrifice de toute l'Église.

***– Pour la gloire de Dieu et le salut du monde.***

## Prière eucharistique

Le Seigneur soit avec vous. ***– Et avec votre esprit.***

Élevons notre cœur. ***– Nous le tournons vers le Seigneur.***

Rendons grâce au Seigneur notre Dieu. ***– Cela est juste et bon.***

## Préfaces

### 1re préface du Carême

*La signification spirituelle du Carême*

Vraiment, il est juste et bon, pour ta gloire et notre salut, de t'offrir notre action de grâce, toujours et en tout lieu, Seigneur, Père très saint, Dieu éternel et tout-puissant, par le Christ, notre Seigneur. Car chaque année, tu accordes à tes fidèles de se préparer aux fêtes pascales dans la joie d'un cœur purifié; de sorte qu'en s'adonnant à une prière plus fervente et à une charité plus active, fidèles aux sacrements qui les ont fait renaître, ils soient comblés de la grâce que tu réserves à tes enfants. C'est pourquoi, avec les anges et les archanges, avec les puissances d'en haut et tous les esprits bienheureux, nous chantons l'hymne de ta gloire et sans fin nous proclamons : ***Saint ! Saint ! Saint...***

## 2e préface du Carême

*L'esprit de pénitence*

Vraiment, il est juste et bon, pour ta gloire et notre salut, de t'offrir notre action de grâce, toujours et en tout lieu, Seigneur, Père très saint, Dieu éternel et tout-puissant. Tu offres à tes enfants ce temps de grâce pour qu'ils retrouvent la pureté du cœur, afin que, l'esprit libéré des passions mauvaises, ils travaillent à ce monde qui passe, en s'attachant surtout aux réalités qui demeurent. C'est pourquoi, avec les saints et tous les anges, nous te louons et sans fin nous proclamons : ***Saint ! Saint ! Saint...***

## 3e préface du Carême

*Les bienfaits de l'abstinence*

Vraiment, il est juste et bon, pour ta gloire et notre salut, de t'offrir notre action de grâce, toujours et en tout lieu, Seigneur, Père très saint, Dieu éternel et tout-puissant. Tu as voulu que nous te rendions grâce par nos privations : elles rabaissent notre orgueil de pécheurs et nous invitent à suivre l'exemple de ta bonté en nous faisant partager avec ceux qui ont faim. C'est pourquoi, avec les anges innombrables, d'une seule voix nous célébrons ta louange en proclamant : ***Saint ! Saint ! Saint...***

## 4e préface du Carême

*Les bienfaits du jeûne*

Vraiment, il est juste et bon, pour ta gloire et notre salut, de t'offrir notre action de grâce, toujours et en tout lieu, Seigneur, Père très saint, Dieu éternel et tout-puissant. Car tu veux par notre jeûne et nos privations, réprimer nos penchants mauvais, élever nos esprits, nous donner la force et enfin la récompense, par le Christ, notre Seigneur. Par lui, les anges célèbrent ta grandeur, et les esprits bienheureux adorent ta gloire; par lui s'inclinent devant toi les puissances d'en haut et tressaillent d'une même allégresse les innombrables créatures des cieux. À leur hymne de louange, laisse-nous joindre nos voix pour chanter et proclamer: ***Saint! Saint! Saint...***

## 5e préface des dimanches

*La Création*

Vraiment, il est juste et bon, pour ta gloire et notre salut, de t'offrir notre action de grâce, toujours et en tout lieu, Seigneur, Père très saint, Dieu éternel et tout-puissant. Toi, le Créateur de tous les éléments du monde, Maître des temps et de l'histoire, tu as formé l'homme à ton image et lui as soumis l'univers et ses merveilles; tu lui as confié ta création afin qu'il en soit le gardien et qu'en admirant ton œuvre il ne cesse de te rendre grâce, par le Christ, notre Seigneur. C'est pourquoi nous te louons avec tous les anges et, dans la joie, nous te célébrons en proclamant: ***Saint! Saint! Saint...***

## 6e préface des dimanches

*Les arrhes de la Pâque éternelle*

Vraiment, il est juste et bon, pour ta gloire et notre salut, de t'offrir notre action de grâce, toujours et en tout lieu, Seigneur, Père très saint, Dieu éternel et tout-puissant. C'est en toi que nous sont donnés la vie, le mouvement et l'être; dans notre corps, nous éprouvons chaque jour les effets de ta tendresse, et nous avons déjà la promesse de la vie éternelle: nous avons reçu les premiers dons de l'Esprit par qui tu as ressuscité Jésus d'entre les morts, et nous tenons cette espérance que vive à jamais en nous le mystère de Pâques. C'est pourquoi nous te louons avec tous les anges et, dans la joie, nous te célébrons en proclamant: ***Saint! Saint! Saint...***

## 2e préface de la Vierge Marie

*L'Église loue Dieu avec les paroles de Marie*

Vraiment, Père très saint, il est juste et bon, pour ta gloire et notre salut, de te proclamer admirable dans le triomphe de tous les saints, et, plus encore, de dire la grandeur de ta bonté pour fêter la bienheureuse Vierge Marie, en reprenant son cantique d'action de grâce. Oui, tu as fait des merveilles pour la terre entière et tu as étendu ta miséricorde à tous les âges, en choisissant ton humble servante pour donner au monde le Sauveur, ton Fils, le Seigneur Jésus Christ. Par lui, les anges adorent ta majesté et se réjouissent en ta présence à jamais. À leur hymne de louange, laisse-nous joindre nos voix pour chanter et proclamer : ***Saint ! Saint ! Saint...***

## 1re préface des Apôtres

*Les Apôtres, pasteurs du peuple de Dieu*

Vraiment, il est juste et bon, pour ta gloire et notre salut, de t'offrir notre action de grâce, toujours et en tout lieu, Seigneur, Père très saint, Dieu éternel et tout-puissant. Tu n'abandonnes pas ton troupeau, Pasteur éternel, mais tu le gardes par les bienheureux Apôtres sous ta constante protection, pour qu'il soit dirigé par ceux-là mêmes que tu as établis à sa tête comme pasteurs au nom de ton Fils. C'est pourquoi, avec les anges et les archanges, avec les puissances d'en haut et tous les esprits bienheureux, nous chantons l'hymne de ta gloire et sans fin nous proclamons : ***Saint ! Saint ! Saint...***

## 2e préface des saints

*Le rôle des saints*

Vraiment, il est juste et bon, pour ta gloire et notre salut, de t'offrir notre action de grâce, toujours et en tout lieu, Seigneur, Père très saint, Dieu éternel et tout-puissant, par le Christ, notre Seigneur. Tu ne cesses de fortifier ton Église, et tu lui donnes une fécondité nouvelle par la foi admirable dont témoignent les saints; tu nous présentes en eux des signes très sûrs de ton amour. Et pour que s'accomplissent les mystères du salut, le rayonnement de leur exemple nous stimule, et leur intercession fervente nous assure un appui. C'est pourquoi, avec les anges et tous les saints, nous te louons, Seigneur, et nous exultons de joie en proclamant : ***Saint ! Saint ! Saint...***

## Préface des saints pasteurs

*La présence des saints pasteurs dans l'Église*

Vraiment, il est juste et bon, pour ta gloire et notre salut, de t'offrir notre action de grâce, toujours et en tout lieu, Seigneur, Père très saint, Dieu éternel et tout-puissant, par le Christ, notre Seigneur. Tu donnes à ton Église de se réjouir en la fête de saint (des saints) N. : par l'exemple qu'il a (qu'ils ont) donné, tu nous encourages, par son (leur) enseignement, tu nous éclaires, à sa (leur) prière, tu veilles sur nous. C'est pourquoi, avec la multitude des anges et des saints, nous chantons l'hymne de ta gloire et sans fin nous proclamons : ***Saint ! Saint ! Saint...***

## 2e préface des saints martyrs

*Les merveilles de Dieu dans la victoire des martyrs*

Vraiment, il est juste et bon, pour ta gloire et notre salut, de t'offrir notre action de grâce, toujours et en tout lieu, Seigneur, Père très saint, Dieu éternel et tout-puissant. En louant tes saints martyrs, c'est toi que nous exaltons, et leur passion révèle l'œuvre admirable de ta puissance : tu leur donnes, en ta bonté, de croire avec ardeur, de persévérer sans faiblir et de vaincre dans le combat, par le Christ notre Seigneur. C'est pourquoi le ciel et la terre t'adorent; ils te chantent le cantique nouveau, et nous-mêmes, unissant notre voix à celle des anges, nous t'acclamons : ***Saint ! Saint ! Saint...***

## *Préface des saints et saintes, vierges et religieux*

*Signification de la vie consacrée*

Vraiment, il est juste et bon, pour ta gloire et notre salut, de t'offrir notre action de grâce, toujours et en tout lieu, Seigneur, Père très saint, Dieu éternel et tout-puissant. Nous célébrons les prévenances de ton amour pour tant d'hommes et de femmes parvenus à la sainteté en se donnant au Christ à cause du royaume des Cieux. Par ce mystère d'alliance, tu veux que notre condition humaine retrouve sa splendeur première, et que, dès ici-bas, nous ayons un avant-goût des biens que tu nous donneras dans le monde à venir. C'est pourquoi, avec les saints et tous les anges, nous te louons et sans fin nous proclamons :

***Saint ! Saint ! Saint, le Seigneur,***
***Dieu de l'univers ! Le ciel et la terre***
***sont remplis de ta gloire.***
***Hosanna au plus haut des cieux.***
***Béni soit celui qui vient***
***au nom du Seigneur.***
***Hosanna au plus haut des cieux.***

*Sanctus, Sanctus, Sanctus*
*Dominus Deus Sabaoth.*
*Pleni sunt cœli et terra gloria tua.*
*Hosanna in excelsis.*
*Benedictus qui venit*
*in nomine Domini.*
*Hosanna in excelsis.*


• *Prière eucharistique **1***
« Toi, Père très aimant... » ........ *p. 223*
• *Prière eucharistique **2***
« Toi qui es vraiment saint... » ........ *p. 227*
• *Prière eucharistique **3***
« Tu es vraiment saint... » ........ *p. 230*
• *Prière eucharistique **4***
« Père très saint... » ........ *p. 233*
• *Prière eucharistique pour*
***la réconciliation n° 1***
« Toi, Seigneur, tu es vraiment... » ........ *p. 237*

## Prière eucharistique nº 1

*(Préfaces : p. 217)*

Toi, Père très aimant, nous te prions et te supplions par Jésus Christ, ton Fils, notre Seigneur, d'accepter et de bénir ✠ ces dons, ces offrandes, sacrifice pur et saint, que nous te présentons avant tout pour ta sainte Église catholique : accorde-lui la paix et protège-la, daigne la rassembler dans l'unité et la gouverner par toute la terre ; nous les présentons en union avec ton serviteur notre pape N., notre évêque N., et tous ceux qui gardent fidèlement la foi catholique reçue des Apôtres.

Souviens-toi, Seigneur, de tes serviteurs et de tes servantes (de N. et de N.), et de tous ceux qui sont ici réunis, dont tu connais la foi et l'attachement. Nous t'offrons pour eux, ou ils t'offrent pour eux-mêmes et tous les leurs ce sacrifice de louange, pour leur propre rédemption, pour la paix, et le salut qu'ils espèrent ; ils te rendent cet hommage, à toi, Dieu éternel, vivant et vrai.

*(1)* **En semaine :**
• Unis dans une même communion, vénérant d'abord la mémoire de la bienheureuse Marie toujours vierge, Mère de notre Dieu et Seigneur, Jésus Christ, •••

*(2)* **Le dimanche :**
• Unis dans une même communion, nous célébrons le jour où le Christ est ressuscité d'entre les morts ; et vénérant d'abord la mémoire de la bienheureuse Marie toujours vierge, Mère de notre Dieu et Seigneur, Jésus Christ, •••

*(3)* **Pour la Présentation au Temple :**
• Unis dans une même communion, nous célébrons le jour très saint où la Vierge Marie te présenta dans le Temple ton Fils unique, son enfant nouveau-né ; et vénérant d'abord la mémoire de cette Vierge bienheureuse, la Mère de notre Dieu et Seigneur, Jésus Christ, •••

## *Prière eucharistique n° 1*

... et celle de saint Joseph, son époux, des bienheureux Apôtres et martyrs Pierre et Paul, André, [Jacques et Jean, Thomas, Jacques et Philippe, Barthélemy et Matthieu, Simon et Jude, Lin, Clet, Clément, Sixte, Corneille et Cyprien, Laurent, Chrysogone, Jean et Paul, Côme et Damien,] et de tous les saints, nous t'en supplions : accorde-nous, par leur prière et leurs mérites, d'être toujours et partout, forts de ton secours et de ta protection. [Par le Christ, notre Seigneur. Amen.]

Voici donc l'offrande que nous présentons devant toi, nous, tes serviteurs, et ta famille entière : Seigneur, dans ta bienveillance, accepte-la. Assure toi-même la paix de notre vie, arrache-nous à la damnation éternelle et veuille nous admettre au nombre de tes élus. [Par le Christ, notre Seigneur. Amen.]

Seigneur Dieu, nous t'en prions, daigne bénir et accueillir cette offrande, accepte-la pleinement, rends-la parfaite et digne de toi : qu'elle devienne pour nous le corps et le sang de ton Fils bien-aimé, Jésus, le Christ, notre Seigneur.

La veille de sa passion, il prit le pain dans ses mains très saintes et, les yeux levés au ciel, vers toi, Dieu, son Père tout-puissant, en te rendant grâce il dit la bénédiction, il rompit le pain, et le donna à ses disciples, en disant : **« Prenez, et mangez-en tous** : ceci est mon corps livré pour vous. »
De même, après le repas, il prit cette coupe incomparable dans ses mains très saintes ; et, te rendant grâce à nouveau, il dit la bénédiction, et donna la coupe à ses disciples, en disant : **« Prenez, et buvez-en tous,** car ceci est la coupe de mon sang, le sang de l'Alliance nouvelle et éternelle, qui

sera versé pour vous et pour la multitude en rémission des péchés. Vous ferez cela en mémoire de moi. »

(1) Il est grand, le mystère de la foi :
***— Nous annonçons ta mort, Seigneur Jésus, nous proclamons ta résurrection, nous attendons ta venue dans la gloire.***

(2) Acclamons le mystère de la foi :
***— Quand nous mangeons ce pain et buvons à cette coupe, nous annonçons ta mort, Seigneur ressuscité, et nous attendons que tu viennes.***

(3) Qu'il soit loué, le mystère de la foi :
***— Sauveur du monde, sauve-nous ! Par ta croix et ta résurrection, tu nous as libérés.***

*ou :*
Proclamons le mystère de la foi :
***— Gloire à toi qui étais mort, gloire à toi qui es vivant, notre Sauveur et notre Dieu : viens, Seigneur Jésus !***

*Mysterium fidei.*
(1) – *Mortem tuam annuntiamus, Domine, et tuam resurrectionem confitemur, donec venias.*
(2) – *Quotiescumque manducamus panem hunc et calicem bibimus, mortem tuam annuntiamus, Domine, donec venias.*
(3) – *Salvator mundi, salva nos, qui per crucem et resurrectionem tuam liberasti nos.*

Voilà pourquoi nous, tes serviteurs, et ton peuple saint avec nous, faisant mémoire de la passion bienheureuse de ton Fils, Jésus, le Christ, notre Seigneur, de sa résurrection du séjour des morts et de sa glorieuse ascension dans le ciel, nous te présentons, Dieu de gloire et de majesté, cette offrande prélevée sur les biens que tu nous donnes, le sacrifice pur et saint, le sacrifice parfait, pain de la vie éternelle et coupe du salut. Et comme il t'a plu d'accueillir les présents de ton serviteur

## *Prière eucharistique n° 1*

Abel le Juste, le sacrifice d'Abraham, notre père dans la foi, et celui que t'offrit Melkisédek, ton grand prêtre, oblation sainte et immaculée, regarde ces offrandes avec amour et, dans ta bienveillance, accepte-les. Nous t'en supplions, Dieu tout-puissant : qu'elles soient portées par les mains de ton saint Ange en présence de ta gloire, sur ton autel céleste, afin qu'en recevant ici, par notre communion à l'autel, le corps et le sang très saints de ton Fils, nous soyons comblés de la grâce et de toute bénédiction du ciel. [Par le Christ, notre Seigneur. Amen.]

Souviens-toi aussi, Seigneur, de tes serviteurs et de tes servantes (de N. et N.) qui nous ont précédés, marqués du signe de la foi, et qui dorment dans la paix. Pour eux et pour tous ceux qui reposent dans le Christ, nous implorons ta bonté, Seigneur : qu'ils demeurent dans la joie, la lumière et la paix. [Par le Christ, notre Seigneur. Amen.]

Et nous pécheurs, tes serviteurs, qui mettons notre espérance en ta miséricorde inépuisable, admets-nous dans la communauté des saints Apôtres et martyrs, avec Jean Baptiste, Étienne, Matthias et Barnabé, [Ignace, Alexandre, Marcellin et Pierre, Félicité et Perpétue, Agathe, Lucie, Agnès, Cécile, Anastasie,] et tous les saints; nous t'en prions, accueille-nous dans leur compagnie, sans nous juger sur le mérite mais en accordant largement ton pardon. Par le Christ, notre Seigneur. Par lui, tu ne cesses de créer tous ces biens, tu les sanctifies, leur donnes la vie, les bénis, et nous en fais le don.

Par lui, avec lui et en lui, à toi, Dieu le Père tout-puissant, dans l'unité du Saint-Esprit, tout honneur et toute gloire, pour les siècles des siècles.
**— *Amen.***

*Vient ensuite le rite de la communion, p. 240.*

# Prière eucharistique nº 2

*(On peut aussi choisir une autre préface.)*

Vraiment, Père très saint, il est juste et bon, pour ta gloire et notre salut, de t'offrir notre action de grâce, toujours et en tout lieu, par ton Fils bien-aimé, Jésus, le Christ : il est ta parole par qui tu as créé toutes choses ; c'est lui que tu nous as envoyé comme Rédempteur et Sauveur, Dieu fait homme, conçu de l'Esprit Saint, né de la Vierge Marie. Pour accomplir jusqu'au bout ta volonté et rassembler un peuple saint qui t'appartienne, il étendit les mains à l'heure de sa passion, afin de briser la mort, et de manifester la résurrection. C'est pourquoi, avec les anges et tous les saints, nous chantons ta gloire, et d'une seule voix nous proclamons :

***Saint ! Saint ! Saint, le Seigneur,***
***Dieu de l'univers ! Le ciel et la terre***
***sont remplis de ta gloire.***
***Hosanna au plus haut des cieux.***
***Béni soit celui qui vient***
***au nom du Seigneur.***
***Hosanna au plus haut des cieux.***

*(Voir p. 222 pour la version latine.)*

*(1)* **En semaine :**

• Toi qui es vraiment saint, toi qui es la source de toute sainteté, Seigneur, nous te prions : •••

*(2)* **Le dimanche :**

• Toi qui es vraiment saint, toi qui es la source de toute sainteté, Dieu notre Père, nous voici rassemblés devant toi, et, dans la communion de toute l'Église, nous célébrons le jour où le Christ est ressuscité d'entre les morts. Par lui que tu as élevé à ta droite, nous te prions : •••

*(3)* **Pour la Présentation au Temple :**

• Toi qui es vraiment saint, toi qui es la source de toute sainteté, Dieu notre Père, nous voici rassemblés devant toi et, dans la communion de toute l'Église, nous célébrons le jour très saint où la Vierge Marie te présenta dans le Temple son enfant nouveau-né, ton Fils unique, notre Seigneur. Par lui, lumière née de ta lumière, nous te prions : •••

••• Sanctifie ces offrandes en répandant sur elles ton Esprit ; qu'elles deviennent pour nous le corps et ✠ le sang de Jésus, le Christ, notre Seigneur.

Au moment d'être livré et d'entrer librement dans sa passion, il prit le pain, il rendit grâce, il le rompit et le donna à ses disciples, en disant : « **Prenez, et mangez-en tous** : ceci est mon corps livré pour vous. »
De même, après le repas, il prit la coupe ; de nouveau il rendit grâce, et la donna à ses disciples, en disant : « **Prenez, et buvez-en tous**, car ceci est la coupe de mon sang, le sang de l'Alliance nouvelle et éternelle, qui sera versé pour vous et pour la multitude en rémission des péchés. Vous ferez cela en mémoire de moi. »

*(1)* Il est grand, le mystère de la foi :
***— Nous annonçons ta mort, Seigneur Jésus, nous proclamons ta résurrection, nous attendons ta venue dans la gloire.***

*(2)* Acclamons le mystère de la foi :
***— Quand nous mangeons ce pain et buvons à cette coupe, nous annonçons ta mort, Seigneur ressuscité, et nous attendons que tu viennes.***

*(3)* Qu'il soit loué, le mystère de la foi :
***— Sauveur du monde, sauve-nous ! Par ta croix et ta résurrection, tu nous as libérés.***
*ou*
Proclamons le mystère de la foi :
***— Gloire à toi qui étais mort, gloire à toi***

***qui es vivant, notre Sauveur et notre Dieu : viens, Seigneur Jésus !***

*(Voir p. 225 pour la version latine)*

En faisant ainsi mémoire de la mort et de la résurrection de ton Fils, nous t'offrons, Seigneur, le pain de la vie et la coupe du salut, et nous te rendons grâce, car tu nous as estimés dignes de nous tenir devant toi pour te servir. Humblement, nous te demandons qu'en ayant part au corps et au sang du Christ, nous soyons rassemblés par l'Esprit Saint en un seul corps.

Souviens-toi, Seigneur, de ton Église répandue à travers le monde : fais-la grandir dans ta charité en union avec notre pape N., notre évêque N., et tous les évêques, les prêtres et les diacres.

Souviens-toi aussi de nos frères et sœurs qui se sont endormis dans l'espérance de la résurrection, et souviens-toi, dans ta miséricorde, de tous les défunts : accueille-les dans la lumière de ton visage.

Sur nous tous enfin, nous implorons ta bonté : permets qu'avec la Vierge Marie, la bienheureuse Mère de Dieu, avec saint Joseph, son époux, les Apôtres et tous les saints qui ont fait ta joie au long des âges, nous ayons part à la vie éternelle et que nous chantions ta louange et ta gloire, par ton Fils Jésus, le Christ.

Par lui, avec lui et en lui, à toi, Dieu le Père tout-puissant, dans l'unité du Saint-Esprit, tout honneur et toute gloire, pour les siècles des siècles.
***— Amen.***

*Vient ensuite le rite de la communion, p. 240.*

## *Prière eucharistique nº 3*

*(Préfaces : p. 217)*

Tu es vraiment saint, Dieu de l'univers, et il est juste que toute la création proclame ta louange, car c'est toi qui donnes la vie, c'est toi qui sanctifies toutes choses, par ton Fils, Jésus Christ, notre Seigneur, avec la puissance de l'Esprit Saint ; et tu ne cesses de rassembler ton peuple, afin que, du levant au couchant du soleil, une offrande pure soit présentée à ton nom.

*(1)* **En semaine :**

• C'est pourquoi nous te supplions, Seigneur, de consacrer toi-même les offrandes que nous apportons : •••

*(2)* **Le dimanche :**

• C'est pourquoi nous voici rassemblés devant toi, Dieu notre Père, et, dans la communion de toute l'Église, nous célébrons le jour où le Christ est ressuscité d'entre les morts. Par lui, que tu as élevé à ta droite, nous te supplions de consacrer toi-même les offrandes que nous apportons : •••

*(3)* **Pour la Présentation au Temple :**

• C'est pourquoi nous voici rassemblés devant toi, Dieu notre Père, et, dans la communion de toute l'Église, nous célébrons le jour où la Vierge Marie te présenta dans le Temple son enfant nouveau-né, ton Fils unique, notre Seigneur. Par lui, lumière née de ta lumière, nous te supplions de consacrer toi-même les offrandes que nous apportons : •••

••• Sanctifie-les par ton Esprit pour qu'elles deviennent le corps ✠ et le sang de ton Fils, Jésus Christ, notre Seigneur, qui nous a dit de célébrer ce mystère.

La nuit même où il fut livré, il prit le pain, en te rendant grâce il dit la bénédiction, il rompit le pain, et

le donna à ses disciples, en disant : « **Prenez, et mangez-en tous** : ceci est mon corps livré pour vous. »
De même, après le repas, il prit la coupe ; en te rendant grâce il dit la bénédiction, et donna la coupe à ses disciples, en disant :
« **Prenez, et buvez-en tous**, car ceci est la coupe de mon sang, le sang de l'Alliance nouvelle et éternelle, qui sera versé pour vous et pour la multitude en rémission des péchés. Vous ferez cela en mémoire de moi. »

(1) Il est grand, le mystère de la foi :
***— Nous annonçons ta mort, Seigneur Jésus, nous proclamons ta résurrection, nous attendons ta venue dans la gloire.***

(2) Acclamons le mystère de la foi :
***— Quand nous mangeons ce pain et buvons à cette coupe, nous annonçons ta mort, Seigneur ressuscité, et nous attendons que tu viennes.***

(3) Qu'il soit loué, le mystère de la foi :
***— Sauveur du monde, sauve-nous ! Par ta croix et ta résurrection, tu nous as libérés.***
*ou :*
Proclamons le mystère de la foi :
***— Gloire à toi qui étais mort, gloire à toi qui es vivant, notre Sauveur et notre Dieu : viens, Seigneur Jésus !***
*(Voir p. 225 pour la version latine.)*

En faisant ainsi mémoire de ton Fils, de sa passion qui nous sauve, de sa glorieuse résurrection et de son ascension dans le ciel, alors que nous attendons son dernier avènement, nous t'offrons, Seigneur, en action de grâce, ce sacrifice vivant et saint. Regarde, nous t'en prions, l'oblation de ton Église, et daigne y reconnaître ton Fils qui, selon ta volonté, s'est offert en sacrifice pour nous réconcilier avec toi. Quand nous serons nourris de son corps et de son sang, et remplis de l'Esprit

# *Prière eucharistique n° 3*

Saint, accorde-nous d'être un seul corps et un seul esprit dans le Christ.

Que l'Esprit Saint fasse de nous une éternelle offrande à ta gloire, pour que nous obtenions un jour l'héritage promis, avec tes élus : en premier lieu la bienheureuse Vierge Marie, Mère de Dieu, avec saint Joseph, son époux, les bienheureux Apôtres, les glorieux martyrs, (saint N.) et tous les saints, qui ne cessent d'intercéder auprès de toi et nous assurent de ton secours.

Et maintenant nous te supplions, Seigneur : par le sacrifice qui nous réconcilie avec toi, étends au monde entier le salut et la paix. Affermis ton Église, en pèlerinage sur la terre, dans la foi et la charité, en union avec ton serviteur notre pape N., et notre évêque N., l'ensemble des évêques, les prêtres, les diacres, et tout le peuple que tu as racheté. Écoute, en ta bonté, les prières de ta famille, que tu as voulu rassembler devant toi. Dans ta miséricorde, ramène à toi, Père très aimant, tous tes enfants dispersés.

Pour nos frères et sœurs défunts, et pour tous ceux qui ont quitté ce monde et trouvent grâce devant toi, nous te prions : en ta bienveillance, accueille-les dans ton Royaume, où nous espérons être comblés de ta gloire, tous ensemble et pour l'éternité, par le Christ, notre Seigneur, par qui tu donnes au monde toute grâce et tout bien.

Par lui, avec lui et en lui, à toi, Dieu le Père tout-puissant, dans l'unité du Saint-Esprit, tout honneur et toute gloire, pour les siècles des siècles.

***— Amen.***

*Vient ensuite le rite de la communion, p. 240.*

## Prière eucharistique n° 4

Vraiment, il est bon de te rendre grâce, il est juste et bon de te glorifier, Père très saint, car tu es le seul Dieu, le Dieu vivant et vrai : toi qui es avant tous les siècles, tu demeures éternellement, lumière au-delà de toute lumière. Toi, le Dieu de bonté, la source de la vie, tu as fait le monde pour que toute créature soit comblée de tes bénédictions, et que beaucoup se réjouissent de l'éclat de ta lumière. Ainsi, la foule innombrable des anges qui te servent jour et nuit se tiennent devant toi, et, contemplant la splendeur de ta face, n'interrompent jamais leur louange. Unis à leur hymne d'allégresse, avec la création tout entière qui t'acclame par nos voix, Dieu, nous te chantons (louons) :

***Saint ! Saint ! Saint, le Seigneur,***
***Dieu de l'univers !***
***Le ciel et la terre***
***sont remplis de ta gloire.***
***Hosanna au plus haut des cieux.***
***Béni soit celui qui vient***
***au nom du Seigneur.***
***Hosanna au plus haut des cieux.***

*(Voir p. 222 pour la version latine.)*

Père très saint, nous proclamons que tu es grand et que tu as fait toutes choses avec sagesse et par amour : tu as créé l'homme à ton image et tu lui as confié l'univers, afin qu'en te servant, toi seul, son Créateur, il règne sur la création. Comme il avait perdu ton amitié par sa désobéissance, tu ne l'as pas abandonné au pouvoir de la mort. Dans ta miséricorde, tu es venu en aide à tous les hommes pour qu'ils te cherchent et puissent te trouver. Tu as multiplié les alliances avec eux, et tu les as formés, par les prophètes, dans l'espérance du salut. Tu as tellement aimé le monde, Père très saint, que tu nous as envoyé ton Fils unique, lorsque les temps furent accomplis, pour qu'il soit notre Sauveur. Dieu fait homme, conçu de l'Esprit Saint, né de la Vierge Marie, il a vécu notre condition humaine en toute chose, excepté le péché, annonçant aux pauvres la bonne nouvelle du salut; aux captifs, la délivrance; aux affligés, la joie. Pour accomplir le dessein de ton amour, il s'est livré lui-même à la mort, et, par sa résurrection, il a détruit la mort et renouvelé la vie. Afin que désormais notre vie ne soit plus à nous-mêmes, mais à lui qui est mort et ressuscité pour nous, il a envoyé d'auprès de toi, Père, comme premier don fait aux croyants, l'Esprit Saint qui continue son œuvre dans le monde et achève toute sanctification.

Que ce même Esprit Saint, nous t'en prions, Seigneur, sanctifie ces offrandes : qu'elles deviennent ainsi le corps ✛ et le sang de notre Seigneur Jésus, le Christ, dans la célébration de ce grand mystère, que lui-même nous a laissé en signe de l'Alliance éternelle.

Quand l'heure fut venue où tu allais le glorifier, Père très saint, comme il avait aimé les siens qui étaient dans le monde, il les aima jusqu'au bout : pendant le repas qu'il partageait avec eux, il prit le pain, dit la bénédiction, le rompit et le donna à ses disciples, en disant :
« **Prenez, et mangez-en tous** : ceci est mon corps livré pour vous. »
De même, il prit la coupe remplie de vin, il rendit grâce, et la donna à ses disciples, en disant :
« **Prenez, et buvez-en tous,** car ceci est la coupe de mon sang, le sang de l'Alliance nouvelle et éternelle, qui sera versé pour vous et pour la multitude en rémission des péchés. Vous ferez cela en mémoire de moi. »

*(1)* Il est grand, le mystère de la foi :
***— Nous annonçons ta mort, Seigneur Jésus, nous proclamons ta résurrection, nous attendons ta venue dans la gloire.***

(2) Acclamons le mystère de la foi :
***— Quand nous mangeons ce pain***
***et buvons à cette coupe,***
***nous annonçons ta mort,***
***Seigneur ressuscité,***
***et nous attendons que tu viennes.***

(3) Qu'il soit loué, le mystère de la foi :
***— Sauveur du monde, sauve-nous !***
***Par ta croix et ta résurrection,***
***tu nous as libérés.***
*ou :*
Proclamons le mystère de la foi :
***— Gloire à toi qui étais mort, gloire à toi qui es vivant, notre Sauveur et notre Dieu : viens, Seigneur Jésus !***
*(Voir p. 225 pour la version latine.)*

Voilà pourquoi, Seigneur, nous célébrons aujourd'hui le mémorial de notre rédemption : en rappelant la mort du Christ et sa descente au séjour des morts, en proclamant sa résurrection et son ascension à ta droite, en attendant sa venue dans la gloire, nous t'offrons son corps et son sang, le sacrifice qui est digne de toi et qui sauve le monde entier. Regarde, Seigneur, celui qui s'offre dans le sacrifice que toi-même as préparé pour ton Église, et, dans ta bonté, accorde à tous ceux qui vont partager ce pain et boire à cette coupe d'être rassemblés par l'Esprit Saint en un seul corps, pour qu'ils deviennent eux-mêmes dans le Christ une vivante offrande à la louange de ta gloire.

Et maintenant, Seigneur, rappelle-toi tous ceux pour qui nous offrons le sacrifice : en premier lieu, ton serviteur notre pape N., notre évêque N., et l'ensemble des évêques, les prêtres et les diacres, les fidèles qui présentent cette offrande, les membres de notre assemblée, le peuple entier qui t'appartient, et tous ceux qui te cherchent avec droiture.

## *Prière eucharistique n° 4*

Souviens-toi aussi de ceux qui sont morts dans la paix du Christ, et de tous les défunts dont toi seul connais la foi.

À nous qui sommes tes enfants, accorde, Père très bon, l'héritage de la vie éternelle auprès de la Vierge Marie, la bienheureuse Mère de Dieu, auprès de saint Joseph, son époux, des Apôtres et de tous les saints, dans ton Royaume. Nous pourrons alors, avec la création tout entière, enfin libérée de la corruption du péché et de la mort, te glorifier par le Christ, notre Seigneur, par qui tu donnes au monde toute grâce et tout bien.

Par lui, avec lui et en lui, à toi, Dieu le Père tout-puissant, dans l'unité du Saint-Esprit, tout honneur et toute gloire, pour les siècles des siècles.
**— *Amen.***

*Vient ensuite le rite de la communion, p. 240.*

# Prière eucharistique pour la réconciliation nº 1

Vraiment, il est juste et bon de toujours te rendre grâce, Seigneur, Père très saint, Dieu éternel et tout-puissant. Car tu ne cesses de nous appeler à une vie plus belle ; toi qui es riche en miséricorde, sans te lasser tu offres ton pardon et tu invites les pécheurs à s'en remettre à ta seule bonté. Bien loin de te détourner de nous, qui avons si souvent rompu ton Alliance, tu as noué avec la famille humaine, par ton Fils Jésus notre Rédempteur, un nouveau lien de charité, si fort que rien ne pourra le défaire. Et maintenant que tu accordes à ton peuple un temps de grâce et de réconciliation, tu lui donnes, par la conversion du cœur, de mettre son espérance dans le Christ Jésus et de se dévouer au service de tous les hommes en se livrant davantage à l'Esprit Saint. C'est pourquoi, remplis d'admiration, nous voulons joindre nos voix aux voix innombrables du ciel, pour magnifier la puissance de ton amour dans la joie de notre salut, et sans fin nous proclamons :

***Saint ! Saint ! Saint...***

*(Voir p. 222 pour la version latine.)*

Toi, Seigneur, tu es vraiment saint, tu es toujours à l'œuvre, depuis les origines du monde, pour que l'homme devienne saint comme toi-même es saint.

Regarde, nous t'en prions, les offrandes de ton peuple, et répands sur elles la puissance de ton Esprit : qu'elles deviennent le corps ✠ et le sang de ton Fils bien-aimé, Jésus, le Christ, en qui, nous aussi, nous sommes tes fils. Nous qui étions perdus, incapables de nous rapprocher de toi, tu nous as aimés du plus grand amour : ton Fils, le seul Juste, s'est livré lui-même à la mort et n'a pas refusé d'être cloué pour nous sur le bois de la croix. Mais avant que ses bras étendus dessinent entre ciel et terre le signe indélébile de ton Alliance, il voulut célébrer la Pâque au milieu de ses disciples.

Au cours du repas, il prit le pain, en te rendant grâce il dit la bénédiction, il rompit le pain, et le donna à ses disciples, en disant :
« **Prenez, et mangez-en tous** : ceci est mon corps livré pour vous. »
De même, après le repas, sachant qu'il allait tout réconcilier en lui par son sang répandu sur la croix, il prit la coupe remplie de vin, et, te rendant grâce à nouveau, il la fit passer à ses disciples, en disant :
« **Prenez, et buvez-en tous**, car ceci est la coupe de mon sang, le sang de l'Alliance nouvelle et éternelle, qui sera versé pour vous et pour la multitude en rémission des péchés. Vous ferez cela, en mémoire de moi. »

(1) Il est grand, le mystère de la foi :
***— Nous annonçons ta mort,***
***Seigneur Jésus,***
***nous proclamons ta résurrection,***
***nous attendons ta venue dans la gloire.***

(2) Acclamons le mystère de la foi :
***— Quand nous mangeons ce pain***
***et buvons à cette coupe,***
***nous annonçons ta mort,***
***Seigneur ressuscité, et nous attendons***
***que tu viennes.***

(3) Qu'il soit loué, le mystère de la foi :
***— Sauveur du monde, sauve-nous !***
***Par ta croix et ta résurrection,***
***tu nous as libérés.***
*ou :*
Proclamons le mystère de la foi :
***— Gloire à toi qui étais mort,***
***gloire à toi qui es vivant,***
***notre Sauveur et notre Dieu :***
***viens, Seigneur Jésus !***
*(Voir p. 225 pour la version latine.)*

## *Prière eucharistique pour la réconciliation n° 1*

En faisant mémoire de ton Fils Jésus, le Christ, notre Pâque et notre paix définitive, nous célébrons sa mort et sa résurrection du séjour des morts, et, en appelant le jour béni de sa venue, nous te présentons, Dieu de fidélité et de miséricorde, celui qui s'est offert lui-même en sacrifice pour réconcilier l'humanité avec toi. Regarde avec bonté, Père très aimant, ceux que tu attires à toi, par le sacrifice de ton propre Fils : accorde à ceux qui ont part à un seul pain et une seule coupe d'être rassemblés, par la force de l'Esprit Saint, en un seul corps dans le Christ par qui est abolie toute division.

Daigne nous garder toujours en communion d'esprit et de cœur avec notre pape N. et notre évêque N. Aide-nous à préparer ensemble la venue de ton règne jusqu'à l'heure où nous nous tiendrons devant toi, saints parmi les saints dans le ciel, avec la bienheureuse Vierge Marie, Mère de Dieu, les bienheureux Apôtres et tous les saints, avec nos frères et sœurs défunts, que nous confions humblement à ta miséricorde. Alors, enfin libérés de la corruption qui nous blesse, nous deviendrons une création nouvelle, et, avec joie, nous te chanterons l'action de grâce du Christ à jamais vivant.

Par lui, avec lui et en lui, à toi, Dieu le Père tout-puissant, dans l'unité du Saint-Esprit, tout honneur et toute gloire, pour les siècles des siècles.
***—Amen.***

*Vient ensuite le rite de la communion,* *page suivante.*

## RITE DE LA COMMUNION

# *Notre Père*

**(1)** Comme nous l'avons appris du Sauveur, et selon son commandement, nous osons dire :

**(2)** Unis dans le même Esprit, nous pouvons dire avec confiance la prière que nous avons reçue du Sauveur :

Notre Père qui es aux cieux, que ton nom soit sanctifié,
que ton règne vienne, que ta volonté soit faite sur la terre comme au ciel.
Donne-nous aujourd'hui notre pain de ce jour. Pardonne-nous nos offenses,
comme nous pardonnons aussi à ceux qui nous ont offensés.
Et ne nous laisse pas entrer en tentation, mais délivre-nous du Mal.

**(3)** *Præceptis salutaribus moniti, et divina institutione formati, audemus dicere : Pater noster, qui es in cælis : sanctificetur nomen tuum ; adveniat regnum tuum ; fiat voluntas tua, sicut in cælo, et in terra. Panem nostrum cotidianum da nobis hodie ; et dimitte nobis debita nostra, sicut et nos dimittimus debitoribus nostris ; et ne nos inducas in tentationem ; sed libera nos a malo.*

Délivre-nous de tout mal, Seigneur, et donne la paix à notre temps : soutenus par ta miséricorde, nous serons libérés de tout péché, à l'abri de toute épreuve, nous qui attendons que se réalise cette bienheureuse espérance : l'avènement de Jésus Christ, notre Sauveur.

***— Car c'est à toi qu'appartiennent le règne,
la puissance et la gloire pour les siècles des siècles !***

## Échange de la paix

Seigneur Jésus Christ, tu as dit à tes Apôtres : « Je vous laisse la paix, je vous donne ma paix » ; ne regarde pas nos péchés mais la foi de ton Église ; pour que ta volonté s'accomplisse, donne-lui toujours cette paix, et conduis-la vers l'unité parfaite, toi qui vis et règnes pour les siècles des siècles. **– *Amen.***
Que la paix du Seigneur soit toujours avec vous. **– *Et avec votre esprit.***
Dans la charité du Christ, donnez-vous la paix.

## Fraction du pain

Que le corps et le sang de notre Seigneur Jésus Christ, réunis dans cette coupe, nourrissent en nous la vie éternelle.

## Agneau de Dieu

Agneau de Dieu, qui enlèves les péchés du monde, prends pitié de nous. *(bis)*
Agneau de Dieu, qui enlèves les péchés du monde, donne-nous la paix.

*Agnus Dei, qui tollis peccata mundi, miserere nobis.* (bis)
*Agnus Dei, qui tollis peccata mundi, dona nobis pacem.*

## Communion

*(1) Seigneur Jésus Christ, Fils du Dieu vivant, selon la volonté du Père et avec la puissance du Saint-Esprit, tu as donné, par ta mort, la vie au monde ; que ton corps et ton sang très saints me délivrent de mes péchés et de tout mal ; fais que je demeure fidèle à tes commandements et que jamais je ne sois séparé de toi.*

*(2) Seigneur Jésus Christ, que cette communion à ton corps et à ton sang n'entraîne pour moi ni jugement ni condamnation ; mais que, par ta bonté, elle soutienne mon esprit et mon corps et me donne la guérison.*

Voici l'Agneau de Dieu, voici celui qui enlève les péchés du monde.
Heureux les invités au repas des noces de l'Agneau !
***— Seigneur, je ne suis pas digne de te recevoir ;***
***mais dis seulement une parole, et je serai guéri.***

## *Chant de communion* *ou antienne de la communion.*

## *Prière après la communion* *voir à la date du jour.*

### RITE DE CONCLUSION

Le Seigneur soit avec vous.
***— Et avec votre esprit.***
Que Dieu tout-puissant vous bénisse, le Père, et le Fils, + et le Saint-Esprit.
***— Amen.***

*Puis le diacre, ou le prêtre lui-même, les mains jointes, tourné vers l'assemblée, dit :*

*(1)* Allez, dans la paix du Christ.
*(2)* Allez porter l'Évangile du Seigneur.
*(3)* Allez en paix, glorifiez le Seigneur par votre vie.
*(4)* Allez en paix.
***— Nous rendons grâce à Dieu.***

# Chants pour la célébration

**Les chants en rouge** sont consultables à la page indiquée. **Les chants en noir** sont référencés avec leur cote SECLI.

| | Ouverture | Renvoi | Communion / Action de grâce | Renvoi |
|---|---|---|---|---|
| 4 fév. | Criez de joie, pauvres de cœur<br>Dieu nous a tous appelés<br>Signes par milliers | p. 245<br>KD14-56-1<br>TK226 | De la table du Seigneur<br>Venez vous abreuver<br>En marchant vers toi, Seigneur | D80<br>p. 249<br>D380 |
| 11 fév. | Vienne ton règne sur la terre<br>Il est venu marcher<br>Peuples, criez de joie | p. 248<br>M157-4<br>MY27 | Si l'espérance t'a fait marcher<br>Fiez-vous en lui<br>Âme du Christ | G213<br>p. 250<br>p. 250 |
| 18 fév. | Avec toi, nous irons au désert<br>Peuple de l'Alliance<br>Changez vos cœurs | p. 246<br>G244<br>p. 254 | Pain donné pour notre vie<br>Éternelle est ta miséricorde<br>Mendiant du jour | p. 251<br>GY69-48<br>DP150-4 |
| 25 fév. | Vivons en enfants de lumière<br>Lumière pour l'homme aujourd'hui<br>Fais paraître ton jour | p. 244<br>EP61-3<br>HY53 | Tu viens vers nous, Seigneur<br>Tu fais ta demeure en nous<br>Le Seigneur est ma lumière et mon salut | p. 252<br>D56-49<br>DEV520 |

**Suggestions pour février 2024** proposées par Thibault Van Den Driessche, avec ChantonsenÉglise

## *Vivons en enfants de lumière* *(Ouverture / Envoi)*

*G14-57-1 ; T. : CFC ; M. : J. Berthier (CNA nº 430) ; SM.*

*Refrain :* **Vivons en enfants de lumière**
**sur les chemins où l'Esprit nous conduit :**
**que vive en nous le nom du Père !**

**① L'heure est venue de l'exode nouveau !**
**Voici le temps de renaître d'en-haut !**
**Quarante jours avant la Pâque,**
**vous commencez l'ultime étape !**

**② L'heure est venue de sortir**
**du sommeil !**
**Voici le temps de l'appel au désert !**
**Allez où va le Fils de l'homme.**
**La joie de Dieu sur lui repose.**

**③ L'heure est venue de lutter**
**dans la nuit !**
**Voici le temps d'affronter l'Ennemi !**
**N'ayez pas peur face aux ténèbres.**
**À l'horizon la croix se dresse.**

**④ L'heure est venue de grandir**
**dans la foi !**
**Voici le temps de la faim, de la soif !**
**Gardez confiance, ouvrez le Livre.**
**Voici le pain, voici l'eau vive !**

**⑤ L'heure est venue d'affermir**
**votre cœur !**
**Voici le temps d'espérer le Seigneur !**
**Il est tout près, il vous appelle.**
**Il vous promet la vie nouvelle.**

**⑥ L'heure est venue de courir**
**vers la vie !**
**Voici le temps de trouver Jésus Christ !**
**Il est présent parmi les pauvres.**
**Il vous précède en son royaume.**

## *Criez de joie, pauvres de cœur* *(Ouverture)*

*EDIT159 ; T. : d'après Ps 33 ; M. : Chants de l'Emmanuel (A. Fleury) ; Éd. de l'Emmanuel.*

*Refrain :* **Criez de joie, vous les pauvres de cœur,**
**vous les enfants bien-aimés du Seigneur.**
**Ouvrez les yeux, car le Royaume est là,**
**voici pour vous le Sauveur.**

① **Je bénirai le Seigneur en tout temps ;**
**mon âme exulte et jubile en mon Dieu.**
**Que les petits écoutent et crient de joie ;**
**heureux, car ils verront Dieu.**

② **Venez chanter, magnifier le Seigneur.**
**Quand je l'appelle, toujours il me répond.**
**De mes frayeurs, il vient me délivrer,**
**son nom de gloire est puissant.**

③ **Tournez les yeux, regardez notre Dieu,**
**qui le contemple, par lui resplendit.**
**Un pauvre crie, le Seigneur lui répond,**
**voyez, le Seigneur est bon !**

④ **Heureux celui qui prend refuge en Dieu,**
**qui le choisit ne manquera de rien.**
**Écoute-le et recherche la paix,**
**en lui, fais ce qui est bien.**

## Avec toi, nous irons au désert (Ouverture)

*G229; T. : J.-P. Servel; M. : J. Gelineau; Mame (Le Chalet).*

② Seigneur, nous irons au désert pour guérir,
poussés, comme toi, par l'Esprit. *(bis)*
Et tu ôteras de nos cœurs le péché,
et tu guériras notre mal.
Et nous fêterons notre Pâque au désert :
ô Vivant qui engendre la vie !

③ Seigneur, nous irons au désert pour prier,
poussés, comme toi, par l'Esprit. *(bis)*
Et nous goûterons le silence de Dieu,
et nous renaîtrons dans la joie.
Et nous fêterons notre Pâque au désert :
nous irons dans la force de Dieu !

④ Seigneur, nous irons au désert vers ta croix,
poussés, comme toi, par l'Esprit. *(bis)*
Et nous te suivrons au désert pas à pas,
et nous porterons notre croix.
Et nous fêterons notre Pâque au désert :
nous vivrons la folie de la Croix !

## *Vienne ton règne sur la terre* (Ouverture)

*DEV349; R. Lebel; Studio SM.*

*Refrain :* **Vienne ton règne, Dieu, notre Père !**
**Vienne ton règne, sur notre terre !**
**Vienne ton règne, au cœur de nos frères !**

**① Pour que soient consolés**
**ceux qui ont perdu tout espoir**
**et que soient éclairés**
**ceux qui marchent dans le noir.**

**② Pour que soient accueillis**
**ceux qui n'ont plus rien à donner**
**et que soient affranchis**
**ceux qu'on garde prisonniers.**

**③ Pour que soient revêtus**
**ceux qui tremblent sur les trottoirs**
**et que soient défendus**
**ceux qui n'ont pas de pouvoir.**

**④ Pour que soient rassemblés**
**ceux qui se réclament de toi**
**et que soient oubliées**
**tant de luttes pour la foi.**

**⑤ Pour que soit retrouvée**
**la beauté première du ciel**
**et que soient purifiés**
**les torrents originels.**

## *Venez vous abreuver* (Communion)

*DEV524; T. : Bénédicte de la Croix/Thérèse de Lisieux; M. : J.-B. du Jonchay; Le Carmel.*

Refrain : **Venez vous abreuver à la source cachée.**
**Venez vous reposer sur le cœur du Bien-Aimé.**

① **Dans le cœur transpercé de Jésus sont unis**
**le royaume des Cieux et la terre d'ici-bas,**
**la source de la vie pour nous se trouve là.**

② **Il nous attire à lui par sa force secrète**
**et dans le sein du Père il nous abrite en lui,**
**nous saisit dans le flot du Saint-Esprit de Dieu.**

③ **Ce cœur, il bat pour nous dans la petite tente**
**où il demeure caché si mystérieusement,**
**dans l'hostie de blancheur pétrie de fin silence.**

④ **Tu plonges plein d'amour ton regard dans le mien**
**et tu prêtes l'oreille à mon faible murmure,**
**tu remplis de ta paix le tréfonds de mon cœur.**

⑤ **Et pourtant ton amour ne peut se contenter**
**de cet échange-là qui nous tient séparés,**
**le désir de ton cœur réclame plus encore.**

⑥ **Ton corps en ce mystère vient pénétrer le mien**
**et ton âme elle aussi vient s'unir à la mienne,**
**flot jaillissant de vie qui jaillit de ton cœur.**

## Fiez-vous en lui *(Action de grâce)*

*T. et M. : Communauté de Taizé ; Ateliers et Presses de Taizé.*

## Âme du Christ *(Action de grâce)*

*D21 ; T. : St Ignace de Loyola ; M. : J. Gelineau ; Éditions du Seuil.*

**Âme du Christ, sanctifie-moi,**
**corps du Christ, sauve-moi,**
**sang du Christ, enivre-moi,**
**eau du côté du Christ, lave-moi.**
**Passion du Christ, fortifie-moi.**
**Ô Jésus, exauce-moi.**
**Dans tes blessures, cache-moi,**
**ne permets pas que je sois séparé de toi.**
**De l'ennemi défends-moi.**
**À ma mort, appelle-moi.**
**Ordonne-moi de venir à toi,**
**pour qu'avec tes saints je te loue,**
**dans les siècles des siècles.**
**Ainsi soit-il !**

# Pain donné pour notre vie (Communion)

*D19-75 ; T. : C. Bernard ; M. : J.-M. Aubry ; ADF Studio SM.*

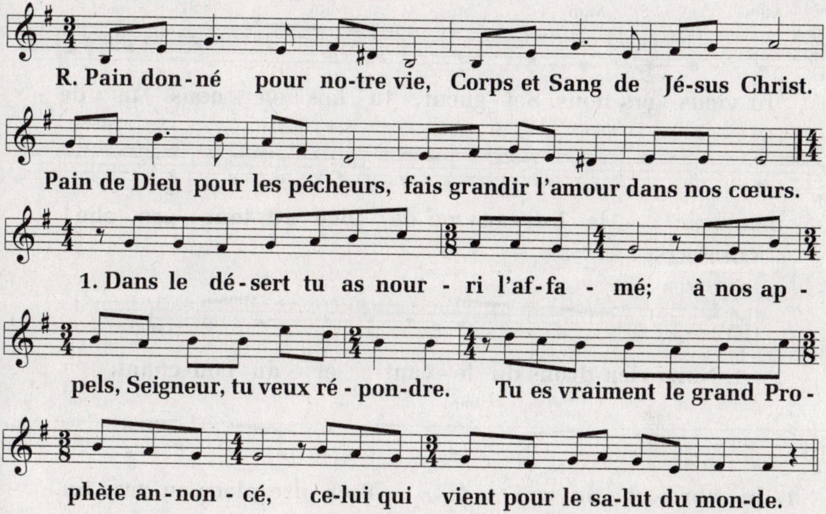


② **Voici la manne pour ton peuple en chemin, le pain du ciel reçu des mains du Père.**
**Qui vient vers toi ne connaîtra plus la faim, celui qui croit verra des eaux nouvelles.**

## *Tu viens vers nous, Seigneur* (Action de grâce)

*T. : Frère David ; M. : Yann Olivet ; Cloître Saint-Martin/Yann Olivet*

② Qui pourrait de lui-même aller vers Dieu
si Dieu ne le guidait ?
Nous aurait-il créés
s'il ne voulait nous sauver ?

③ « Préparez le chemin de notre Dieu,
aplanissez ses voies ! »
L'annonce du salut
a résonné au désert !

④ Si le péché nous tient comme en exil,
nul n'est trop loin pour Dieu :
le Père attend ses fils
sur le chemin du retour !

⑤ Dieu s'est laissé trouver par des pécheurs
qui ne le cherchaient pas.
Il a tendu les mains
pour nous offrir son pardon !

⑥ Qui veut suivre Jésus ressuscité
devra porter sa croix
Prenant sur lui ce joug.
il trouvera le repos !

⑦ Jésus conduit les pas des pèlerins.
Il marche près de nous :
nos cœurs se font brûlants
lorsqu'il nous parle en chemin !

⑧ Parole de la foi dans notre cœur.
Parole de Jésus :
qui met sa foi en lui
aura la vie pour toujours !

⑨ Célébrons le rocher de notre foi.
La pierre de grand prix :
nous, pierres de l'Église,
approchons-nous du Seigneur !

⑩ Allons à la montagne du Seigneur.
C'est là qu'il nous attend :
la grâce resplendit
sur le visage du Christ !

# CHANTS

## *En toi j'ai mis ma confiance* *(Action de grâce)*

*DEV132 ; T. et M : C.-E. Hauguel ; L'Emmanuel.*

**En toi j'ai mis ma confiance, ô Dieu très saint,**
**toi seul es mon espérance et mon soutien ;**
**c'est pourquoi je ne crains rien, j'ai foi en toi, ô Dieu très saint,**
**c'est pourquoi je ne crains rien, j'ai foi en toi, ô Dieu très saint !**

## *Changez vos cœurs* *(Ouverture)*

*G162 ; T. et M. : J.-P. Lécot (Chants notés, t. 2 ou DMV n° 415) ; Meta.*

Refrain : **Changez vos cœurs, croyez à la Bonne Nouvelle !**
**Changez de vie, croyez que Dieu vous aime !**

① **Je ne viens pas pour condamner**
**le monde :**
**je viens pour que le monde soit sauvé.**

② **Je ne viens pas pour les bien-portants**
**ni pour les justes :**
**je viens pour les malades,**
**les pécheurs.**

③ **Je ne viens pas pour juger**
**les personnes :**
**je viens pour leur donner la Vie de Dieu.**

④ **Je suis le Bon Pasteur, dit Jésus :**
**je cherche la brebis égarée.**

⑤ **Je suis la Porte, dit Jésus :**
**qui entrera par moi sera sauvé.**

⑥ **Qui croit en moi a la vie éternelle :**
**croyez en mes paroles et vous vivrez.**

# CHANTS POUR L'ORDINAIRE

## *MESSE FRATELLI TUTTI*

### *Kyrie eleison*

*T. : AELF ; M. : M. Wackenheim ; ADF Musique.*

Mi Ré Mi Fa#m Do#m Fa#m
mon-de pour que nous soy-ons jus-ti-fiés en toi, bé - ni sois - tu!
Sim Fa#m Do# Tous Sim Fa#m Do#
Chris - te e - le - i - son. CHRIS-TE E - LE - I - SON.
Chœur ou soliste Fa#m
Toi qui vis près du Pè - re, et nous at - ti - res vers
Mi Ré Mi Fa#m Do#m Fa#m
lui dans l'u - ni - té de l'Es - prit Saint, bé - ni sois - tu!
Fa#m Do#m Fa#m Tous Fa#m Do#m Fa#m
Ky - ri - e e - le - i - son. KY-RI - E E - LE - I - SON.

# *Saint le Seigneur*

*T. : AELF ; M. : M. Wackenheim ; ADF Musique.*

# LES RENDEZ-VOUS DE FÉVRIER 2024

## SOMMAIRE

ÉDITORIAL

# Nos « 29 février »

Une année bissextile rattrape la différence de temps entre l'année calendaire et la durée réelle du trajet de la Terre autour du Soleil. C'est pourquoi chaque 29 février nous rappelle l'importance de compenser un écart devenu trop important. Des écarts, nous en connaissons. Ils deviennent parfois des écueils. La prière séparée de l'action conduit à une impasse, comme en témoigne l'histoire de Judith, dans la lecture proposée par Anne Lécu. Dans un autre registre, Emmanuelle Billoteau met en garde contre la volonté de « bien faire le Carême » déconnectée de la conscience de la gratuité du salut de Dieu. C'est un piège à éviter, en ce temps où la liturgie invite à la conversion. Justement, une période propice à renouer avec nos « 29 février » qui contribuent à réduire les décalages. Clémence Bouvart, notre lectrice du mois, identifie le premier en confiant : « La parole de Dieu nous réunit avec mon mari Chris. » En écho, le frère dominicain François-Dominique Forquin précise que la prière répétitive favorise l'abandon à Dieu de celui qui prie, rapprochant simplement Dieu du priant. Et vous ? Qu'est-ce qui vous aide à vous relier à Dieu ? aux autres ? ■

**Karem Bustica**
*Rédactrice en chef de* Prions en Église

*« Chaque 29 février nous rappelle l'importance de compenser un écart devenu trop important. »*

## CHEMIN D'ÉTOILES

**Jacques Nieuviarts**, prêtre assomptionniste

# Un ciel de nuit étoilé de lumière !

**La Bible est baignée de la lumière de Dieu, qui fait briller les étoiles la nuit pour guider les hommes et les émerveiller.**

Dès ses premières pages, la Bible ouvre une véritable chorégraphie qui déploie la Création. La première parole créatrice éclaire de façon éblouissante l'ensemble du Livre : « Que la lumière soit ! » L'œuvre du premier jour est la séparation des ténèbres initiales et de la lumière. Or, Dieu ne crée qu'au quatrième jour les « luminaires au firmament du ciel, pour séparer le jour de la nuit; qu'ils servent de signes pour marquer les fêtes, les jours et les années. [Ils seront] au firmament du ciel, des luminaires pour éclairer la terre. Et ce fut ainsi. Dieu fit les deux grands luminaires : le plus grand pour commander au jour, le plus petit pour commander à la nuit; il fit aussi les étoiles. Dieu les plaça au firmament du ciel pour éclairer la terre, pour commander au jour et à la nuit, pour séparer la lumière des ténèbres. Et Dieu vit que cela était bon » (Gn 1, 14-18). Ainsi, la lumière initiale précède de loin les « luminaires » – mot qui a le même sens assez utilitaire qu'aujourd'hui !

Soleil, lune et étoiles sont là pour marquer les fêtes (du Seigneur) et le temps des hommes référé au temps de Dieu. Ainsi le prophète Baruch a-t-il ce mot magnifique : « Il lance la lumière, et elle prend sa course ; il la rappelle, et elle obéit en tremblant. Les étoiles brillent, joyeuses, à leur poste de veille ; il les appelle, et elles répondent : "Nous voici !" Elles brillent avec joie pour celui qui les a faites. C'est lui qui est notre Dieu : aucun autre ne lui est comparable » (Ba 3, 33-36 ; cf. Jr 31, 35). On comprend dès lors la parole d'un des amis de Job : « Dieu n'est-il pas là-haut dans le ciel ? Regarde la cime des étoiles : comme elles sont élevées ! » (Jb 22, 12). Et de même l'émerveillement des psaumes, comme le psaume 8, peut-être emblématique ici : « Ô Seigneur, notre Dieu, qu'il est grand ton nom par toute la terre ! [...] À voir ton ciel, ouvrage de tes doigts, la lune et les étoiles que tu fixas, qu'est-ce que l'homme pour que tu penses à lui, le fils d'un homme, que tu en prennes souci ? Tu l'as voulu un peu moindre qu'un dieu, le couronnant de gloire et d'honneur ; tu l'établis sur les œuvres de tes mains, tu mets toute chose à ses pieds » (Ps 8, 2.4-7) Les étoiles ne sont que créatures, l'œuvre de Dieu, mais elles émerveillent les humains. En les contemplant, ils devinent leur Créateur. ■

*« Les étoiles brillent, joyeuses, à leur poste de veille ; il les appelle, et elles répondent : "Nous voici !" »*

## LES SECONDS RÔLES DANS LA BIBLE

**Anne Lécu**, dominicaine

# La servante de Judith

**Dans le livre qui porte son nom, Judith est toujours accompagnée d'une servante-esclave dont nous ne saurons jamais le nom.**

La servante de Judith a autant de courage que sa glorieuse maîtresse et, sans faiblir, l'accompagne y compris chez l'ennemi. Tous les royaumes alentour ont fait allégeance au puissant roi païen Nabuchodonosor. Tous ? Non. Les Hébreux qui viennent de revenir d'exil et de reconstruire leur Temple n'ont pas fléchi le genou devant lui, ce qui le met fort en colère. Il envoie son principal général, Holopherne, en finir avec eux. Mais parmi les capitaines d'Holopherne, il en est un, Akhior, qui le met en garde et dit en substance : « Les Hébreux sont faciles à vaincre quand ils se détournent de leur Dieu. Or, ils viennent de revenir d'Exil et sont attentifs à n'idolâtrer personne afin de rester fidèles à leur Dieu qui les a fait revenir. Il semble donc sage de ne pas les affronter » (cf. Jdt 5, 5-21). Personne ne l'écoute, et on le livre en pâture aux Hébreux pour défaitisme. Mais les Hébreux au contraire écoutent cet homme du camp adverse, qui finira par se convertir au Dieu d'Israël.

De leur côté, les Israéliens de Béthulie subissent le siège

d'Holopherne qui a séquestré les sources d'eau et attend qu'ils se rendent. Pressés par les mères assoiffées, les chefs du village en viennent à penser qu'il vaudrait mieux se rendre. Ozias, le responsable principal, pose un ultimatum à Dieu : « Si dans cinq jours tu ne nous as pas aidés, on se rend » (cf. Jdt 7, 30-31). C'est alors qu'intervient Judith. Veuve d'un homme de la tribu de Manassé, c'est une femme fort belle, fort droite et très courageuse. Elle semonce les chefs du village en leur faisant ...

© Gaétan Évrard

## *Première Alliance*

*« Elle sortit, confia la tête d'Holopherne à sa suivante qui la mit dans sa besace à provisions, et elles sortirent toutes deux ensemble, comme elles avaient coutume de le faire, pour aller prier. »*

Judith 13, 9-10

... remarquer que l'on ne pose pas d'ultimatum à Dieu et que l'aide du ciel ne vient pas par magie. Elle sait ce qu'elle fait et décide, avec sa servante, de sortir du village assiégé pour aller séduire Holopherne dans le camp ennemi. Un soir où il a trop bu et après l'avoir séduit, Judith coupe la tête du général, la met dans le sac de sa servante et rentre avec, triomphante à Béthulie. Terrifiée en voyant la tête du général sur un piquet, l'armée de Nabuchodonosor sera mise en déroute. Cette histoire est exemplaire en ce que Dieu n'intervient pas officiellement. Mais une femme va voir les autorités en leur expliquant qu'il ne suffit pas de prier en se tournant les pouces pour que le Seigneur agisse. Elle est secondée par une inconnue, qui sans doute lui permet d'avoir le courage nécessaire. À la fin du livre et de la vie de Judith, la suivante inconnue sera affranchie et vivra de la liberté qu'elle a permis à sa maîtresse de conquérir. ■

*Nouvelle Alliance*

*« J'ai quelque chose à te demander pour Onésime, mon enfant […]. S'il a été éloigné de toi […], c'est peut-être pour que tu le retrouves définitivement, non plus comme un esclave, mais, mieux qu'un esclave, comme un frère bien-aimé : il l'est vraiment pour moi. »* Philémon 10.16

**Emmanuelle Billoteau**, ermite

# Choisir la vie

**Pendant le Carême, l'Église nous offre quarante jours pour choisir la vie. Un nombre qui apparaît plusieurs fois dans la Bible, quand les enjeux sont forts. La liturgie nous invite à entrer dans cette démarche par des modalités concrètes.**

Choisir la vie semble aller de soi quand nous sommes attentifs à l'Esprit « qui est Seigneur et qui donne la vie » (Credo de Nicée-Constantinople). Mais parfois, nous nous égarons sur ce qu'est la vie, trompés par des ressentis passagers ou des a priori. Voilà pourquoi ces quarante jours du Carême sont si précieux pour nous réajuster à la vie selon Dieu, laquelle suppose d'être en mouvement et de se laisser transformer. En ce sens, la symbolique liée au nombre quarante est éclairante. Elle renvoie aux quarante jours que le Christ a passés au désert, aux quarante ans qui ont précédé l'entrée d'Israël sur sa terre. Elle se réfère également au séjour de Noé dans l'arche (Gn 7, 12), à Moïse sur le mont Sinaï (Ex 34, 28), aux explorateurs envoyés par Josué en Terre promise (Nb 13, 25), •••

... aux quarante ans des règnes de David et Salomon (2 S 5, 4; 1 R 11, 42), au mariage d'Isaac à 40 ans (Gn 25, 20).

Ce nombre apparaît ainsi dans des contextes où les enjeux sont forts : temps de purification, d'illumination, de transition, de maturation préludant à une nouvelle étape de l'histoire du salut ou de la vie personnelle. Ainsi, il ne suffit pas d'avoir été libéré de l'esclavage d'Égypte, encore faut-il que cette liberté soit ordonnée à la quête de Dieu et à l'avènement de sa justice dans la relation à autrui, d'où les quarante ans au désert. La connaissance de soi pour repérer les lieux qui demandent à être offerts à la grâce transformante du Seigneur est essentielle (cf. Dt 8, 2-5). Choisir la vie c'est donc consentir à quitter les rives du connu, du répétitif, et maturer en se laissant travailler par Dieu pour que quelque chose bouge dans nos existences. Car l'immobilisme est du côté de la mort. « Vivre et parler, c'est se mettre en mouvement, se dépasser [...] c'est laisser advenir l'inconnu et l'inattendu, laisser libre la dimension de l'étrangeté et de l'ailleurs » (M.-A. Ouaknin, *Bibliothérapie. Lire, c'est guérir).*

Or que nous proposent les évangiles lus en ce début de Carême, si ce n'est de nous dépasser, d'élargir l'espace de nos tentes, de nous laisser surprendre. Au fondement : la libération du regard d'autrui pour vivre sous le regard de Dieu (mercredi des Cendres, 14 février), ce qui est une forme d'humilité; et nous savons que le mal n'a pas de prise sur l'humble, comme le disent les Pères du désert. Autre libération : celle du besoin de nous « qualifier » devant Dieu par nos pratiques religieuses et nos bonnes œuvres – mais n'est-il pas venu « pour les pécheurs et non pour les justes » (17 février) ? Une donnée que nous avons besoin d'entendre en ce temps où nous pouvons nous laisser piéger par notre volonté de bien faire et oublier la gratuité du salut. L'évangile du jeudi après les Cendres (15 février) nous invite à nous « perdre » pour le Christ, c'est-à-dire à le mettre au centre de nos décisions et de nos actions, dans la conscience qu'elles « prennent leur source en » Dieu « et reçoivent de » lui « leur achèvement » (prière d'ouverture). Ainsi libérés, nous pourrons discerner les temps et les moments en fonction de l'Époux et non plus de nous-mêmes (16 février). D'où une prière décentrée de soi, qui ne se laisse pas décourager par les silences de Dieu, mais poursuit sa quête inlassablement (20 et 22 février). Quant à la relation à autrui, elle implique de poser des actes qui, tout à la fois, témoignent de notre ouverture à l'Esprit et nous rendent disponibles à son action, lui qui fait toutes choses nouvelles : aumône, hospitalité, visites aux malades et aux prisonniers, amour des ennemis, pardon (19, 23 et 24 février). Sachant que l'amour n'est pas d'abord une question de sentiments, mais de volonté de vie pour autrui, et qu'en présence de l'impardonnable, il nous appartient d'implorer Dieu pour qu'il nous donne la capacité de pardonner et d'être ainsi libérés de l'emprise de l'offenseur. ■

*Les évangiles en ce début de Carême nous proposent de nous dépasser, d'élargir l'espace de nos tentes.*

**François-Dominique Forquin**, prêtre dominicain
et aumônier national des Équipes du Rosaire

# Le Rosaire : c'est pour « Coué » ?

**Le flot des « Réjouis-toi » répétés dans l'hymne Acathiste à la Mère de Dieu, que le Rosaire reprend, se rapproche d'une méthode Coué et finit par relever celui qui les dit.**

On dit que les Parisiens font souvent grise mine, surtout dans les transports. J'ai pu le vérifier récemment encore en prenant le métro. J'étais assis face à un jeune passablement avachi sur un strapontin, écouteurs fichés dans les oreilles et qui portait un t-shirt avec un grand smiley, lèvres tordues vers le bas, façon triste, arborant un message tout aussi réjouissant : « Je suis Parisien, je n'aime rien ! » En le regardant, je souriais tout en égrainant mon chapelet et en répétant intérieurement ces « Réjouis-toi », qui scandaient ma prière entre chaque station ; jusqu'à ce que je me dise qu'à défaut de faire sourire celui qui était en face de moi, j'allais finir par paraître complètement idiot ! Au fond, pendant ces quelques minutes, ce Rosaire secrètement égrainé n'était-il pas une sorte de méthode Coué, une forme d'autosuggestion qui, à force de « Réjouis-toi » incessamment répétés, finirait bien par faire craquer le smiley et lui faire décrocher un sourire ? C'est alors que je pensai à la fameuse hymne Acathiste orientale adressée à la Mère de Dieu, faite du flot de ces 144 « Réjouis-toi » pour saluer Marie et dans lesquels notre Rosaire plonge ses racines avec ses 150 Ave : « Réjouis-toi, ô Mère du Sauveur ! Réjouis-toi par qui le monde a resplendi ! Réjouis-toi, par toi Ève ne pleure plus… » Pourquoi tant de « Réjouis-toi » répétés ? Pour Coué et saluer le prestige de sa fameuse méthode, afin de céder, coûte que coûte, à la joie ? Ou plutôt pour se laisser gratuitement aimer, regarder avec amour par celui qui nous connaît mieux que nous-mêmes au point de discerner derrière des lèvres baissées, un cœur illuminé ou derrière un sourire affiché, un cœur qui n'attend qu'à être consolé ? Laissant cette pensée s'envoler, je vis le jeune avachi se lever et le sourire paisible, à peine sorti de la rame, donner une pièce à un mendiant, comme si le Parisien qui n'aime rien aimait finalement un rien, un tout petit rien. Je ne sais pour quoi y est ma pauvre prière, mais la seule chose que je savais à ce moment-là, c'était que si l'hymne Acathiste était faite, littéralement en grec, pour « être debout », j'avais moi-même été relevé de mes préjugés. Et quoi qu'en dise le docteur Coué, mon Rosaire était sans pourquoi. Lui comme moi en étions tout cois. ■

*Si l'hymne Acathiste était faite, littéralement en grec, pour « être debout », j'avais moi-même été relevé.*

TÉMOIGNAGE DE LECTEUR

Propos recueillis par **Frédéric Pascal**, journaliste

# « La Parole me façonne »

**Clémence Bouvart, 32 ans, est assistante notariale dans le Nord. Mariée depuis quelques mois à Chris, elle met la parole de Dieu au cœur de sa vie.**

« Ma journée s'ouvre par vingt minutes d'oraison. La parole de Dieu me permet de voir comment était Jésus, comment il vivait, comment il se comportait. C'est une aide précieuse pour essayer de lui ressembler et de m'approcher de lui. Et les commentaires de *Prions en Église* m'y aident. Sans eux, je passerais des heures à essayer de comprendre la Parole. Je peux aller plus en profondeur, particulièrement dans les moments de sécheresse. C'est parfois dur le matin ! je ne suis pas réveillée ou je suis tracassée… *Prions en Église* conduit ma prière, pour que mon esprit ne parte pas dans tous les sens. À travers les textes, j'essaie de cerner ce que le Seigneur veut pour moi et pour ma journée. J'essaie de faire de ma journée une prière. Si, le matin, je lis les textes dans *Prions en Église*, dans la journée, j'aime utiliser l'application. Je peux relire l'évangile ou écouter les playlists de musique proposées

© Sandrine Martin

chaque semaine. Ça me reconnecte à Dieu, même dans le métro. J'ai aimé aussi le parcours sur saint Paul ou celui sur Lourdes. Je suis d'une génération pour laquelle le caté a été "expédié". J'ai l'impression d'être une enfant qui apprend. La connaissance m'aide à entrer en intériorité avec le Seigneur. Ainsi les choses que j'ai apprises grâce au parcours sur Paul ont nourri ma prière. La parole de Dieu nous réunit avec mon mari, Chris. Nous la lisons ensemble, en vacances ou en temps de retraite. Nous prenons un texte d'évangile puis un temps de méditation, chacun de notre côté. Nous partageons ensuite sur ce que nous avons compris avant de relire le texte puis d'échanger à nouveau. Chris voit des choses que je n'ai pas vues, et inversement. C'est cela qui est génial : d'année en année, les mêmes textes nous disent des choses toujours différentes ! C'est une source pour ma foi, et quel bonheur de le vivre avec quelqu'un ! » ■

QUESTION DU MOIS

# Que sont les prières sur le peuple pendant le Carême ?

Le *Missel romain* (2021) propose un choix de prières sur le peuple, avant la bénédiction finale puis le renvoi de l'assemblée. Une prière « sur » le peuple qui est en fait une prière « pour » le peuple, adressée à Dieu « par le Christ, notre Seigneur ». Le prêtre demande que la grâce de Dieu nous aide à demeurer fidèles à ce que nous venons de célébrer, pour parvenir saintement aux célébrations pascales.

Les notes du *Missel* pour le temps du Carême précisent : « Aux féries de ce temps, […] il peut être opportun d'avoir, à la fin de la messe, avant la bénédiction finale, la prière sur le peuple qui est proposée pour chaque jour » (§ 3). En effet, outre les prières proposées pour les jours du temps ordinaire, le *Missel* en propose une spécifiquement liée à la liturgie de chaque jour de Carême (du mercredi des Cendres au mercredi Saint inclus, et le vendredi Saint). Le prêtre ne choisit donc pas quelle oraison il va dire, le *Missel* la lui donne.

Efforçons-nous d'y être attentifs, car cette prière demande, pour nous, force et lumière sur notre chemin vers Pâques : « Dieu tout-puissant, tu as fait connaître à ton peuple les chemins de la vie éternelle; nous t'en prions, donne-lui de les suivre pour parvenir jusqu'à toi, lumière sans déclin » (jeudi après les Cendres). ■

**Michèle Clavier,**
*théologienne*

## LE TRO BREIZ, DE VANNES À QUIMPER

# Tro Breiz en musique

*Prions en Église* vous invite à cheminer de Vannes à Quimper à la suite des milliers de pèlerins qui, depuis le Moyen Âge, honorent les sept saints fondateurs de la Bretagne. Temps de marche, eucharisties présidées par le père Dominique de Lafforest, conférences, visites guidées et concerts nous permettront de connaître davantage la richesse culturelle et spirituelle de la Bretagne, ses grands sanctuaires et ses Pardons. ■

**Emmanuel Auvray,**
*chanteur et et accompagnateur*

© AdobeStock

**La cathédrale Saint-Corentin, Quimper (29).**

**PRATIQUE** **Du 22 au 29 mai 2024.** Une sélection **"Prions en Église"** et **"Le Pèlerin"** organisée par Bipel.
**Renseignements et inscriptions :** 01 45 55 47 52 ou bipel.paris@bipel.com

**Nathalie Jolivet,** volontaire avec la DCC et psychomotricienne à Jérusalem

# En famille au Saint-Sépulcre

« Le Saint-Sépulcre à Jérusalem renferme le tombeau du Christ, et c'est aussi le lieu de sa crucifixion et de sa résurrection. Il est visité chaque jour par des milliers de pèlerins et de touristes, de toutes confessions. Mais c'est également une paroisse, celle du souk de la vieille ville. Dedans comme dehors, c'est le même bazar (on dit "balagan"), particulièrement au moment des célébrations des grandes fêtes, quand la chorale franciscaine tente de chanter en latin ou en grégorien en même temps que les orthodoxes agitent leurs cloches tonitruantes autour du tombeau. Un jour ordinaire d'une semaine ordinaire, au milieu de cette foule incessante, j'ai aperçu Jamil avec Lucia, son épouse, et Nadir, leur petit garçon, dans les bras. Jamil, la trentaine, est le chef de chœur de la chorale de la Custodie. Il habite le quartier, et je me suis demandé ce qu'il faisait là. Lors de la répétition suivante, il m'a expliqué qu'il se rendait ainsi chaque semaine "mettre des bougies avec son fils et prier avec son épouse". Ses paroles m'ont bouleversée. En ce lieu exceptionnel, elles me disent que l'essentiel de la foi est vécu et transmis en famille de façon ordinaire dans la fidélité. Tout simplement. » ■

DCC / N. Jolivet

**Lucia et Jamil avec Nadir dans ses bras, et Nathalie Jolivet (à gauche) devant l'entrée du Saint-Sépulcre (Jérusalem).**

REPORTAGE

**Sébastien Antoni**, journaliste

# L'Église en campagne

**Du 24 février au 3 mars 2024, le Salon international de l'agriculture se déroule à Paris. Depuis six décennies, des chrétiens s'y rendent, témoignant de leur proximité et de leur engagement en milieu rural.**

« En 2024, une nouvelle délégation d'évêques se rendra dans la plus grande ferme de France », se réjouit Mgr Didier Noblot, référent de la mission rurale pour la Conférence des évêques de France. Le lien entre pastorale et monde rural lui tient à cœur : « Plus qu'une visite il s'agit d'une visitation ! La participation au Salon de l'agriculture est l'occasion d'écouter, reconnaître et soutenir les éleveurs et les agriculteurs. L'an dernier, déjà, je suis venu avec une cinquantaine de Cantaliens à l'occasion d'un pèlerinage dans les sanctuaires de Paris », témoigne l'évêque de Saint-Flour. « Venir au Salon de l'agriculture est une source de joie pour moi et la délégation d'évêques », confirme Mgr Jacques Habert, évêque de Bayeux et Lisieux et responsable de la visite pastorale des évêques il y a deux ans. « Nous retrouvons différents acteurs de la ruralité. Bien sûr, nous les côtoyons régulièrement dans nos diocèses, mais le Salon élargit les horizons et permet de mieux

**Mgr Didier Noblot et la délégation du diocèse de Saint-Flour (Cantal) lors de leur visite du Salon de l'agriculture à Paris, en avril 2023.**

comprendre les enjeux de la ruralité », poursuit-il. Emma Baudouin, secrétaire nationale du Mouvement rural de jeunesse chrétienne (MRJC), participe aussi à cet événement annuel. Elle y emmène une trentaine de jeunes pour les sensibiliser aux métiers de l'agriculture. Elle explique : « Le Salon expose une certaine forme d'agriculture, parfois en contradiction avec nos convictions. Pendant notre séjour, nous participons à des débats pour présenter nos idées. Nous sommes une voix modeste, mais nous contribuons à la réflexion pour une agriculture basée sur la proximité, le respect de la Création et de l'humain, en accord avec l'esprit de *Laudato si'.* » Mgr Habert confirme : « Sans l'Église, je doute que des échanges entre les différentes conceptions de l'agriculture auraient lieu. » Outre une fonction de médiateur dans les débats au Salon ou dans les régions, l'Église s'efforce aussi de maintenir des propositions pastorales dans une campagne qui se déchristianise. Sylvain Bonaldo, retraité de ...

... l'agriculture et diacre permanent dans le diocèse d'Auch, partage son expérience : « La pastorale en milieu rural est complexe. Pour la mener, il est essentiel de distinguer les besoins des agriculteurs et des ruraux, car leurs réalités ne se recoupent pas totalement. La clé du renouveau de notre pastorale réside dans les rencontres et la convivialité, et non seulement dans le culte. » Mgr Bertrand Lacombe, évêque d'Auch, présent dans la délégation épiscopale en 2022, ajoute : « Nous cherchons à mobiliser la population rurale pour créer de nouvelles initiatives tout en valorisant ce qui existe déjà. À cet égard, nous avons réintroduit la prière des rogations pour bénir les champs et le travail des agriculteurs. Cela donne aussi l'occasion de faire des fêtes pour tous, dans les villages. » À l'occasion du Salon ou dans les belles campagnes de France, suivant les pas du semeur de l'Évangile, l'Église continue à semer les graines de la Bonne Nouvelle qui promettent la joie des moissons à venir. ■

## La mission en monde rural

Vivre et annoncer l'Évangile dans les campagnes : telle est la mission en monde rural de l'Église. Elle englobe la promotion de l'émergence de projets tant locaux que spirituels mais également la lutte contre l'isolement des habitants des régions rurales. Elle est portée notamment par deux mouvements : le MRJC (Mouvement rural de jeunesse chrétienne) et le CMR (Chrétiens dans le monde rural).

Informations communiquées sous réserve de modifications. Renseignez-vous avant de vous rendre aux endroits indiqués.

## LE JOUR DU SEIGNEUR – FRANCE 2 (11 heures)

**4/2** Basilique Notre-Dame-de-la-Délivrande, Douvres-la-Délivrande (11).
Prédicateur : P. Denis Ledogar, assomptionniste.

**11/2** Église Sainte-Gertrude, Fosses-la-Ville (Belgique).
Prédicateur : *information non communiquée.*

**18/2** Chapelle de l'hôpital Notre-Dame-de-Bon-Secours, Paris (XIVe).
Prédicateur : Fr. Franck Dubois, dominicain.

**25/2** Église Saint-Jean-Baptiste, Saint-Jean-le-Thomas (27).
Prédicateur : Fr. Thierry Hubert, dominicain.

## FRANCE CULTURE (10 h 05)

**4/2** Chapelle Notre-Dame de la Médaille miraculeuse, Paris (VIIe).
Prédicateur : Fr. François-Xavier Ledoux, dominicain.

**11/2** Chapelle Notre-Dame de la Médaille miraculeuse, Paris (VIIe).
Prédicateur : P. Emmanuel Coquet.

**18/2** Église Saint-Germain-l'Auxerrois, (Paris Ier).
Prédicateur : P. Henry de Villefranche.

**25/2** Église Saint-Germain-l'Auxerrois, (Paris Ier).
Prédicateur : P. Henry de Villefranche.

## LIVRES

### Visiter nos cachettes

*M.-L. Durand, Cerf, 125 p.*

La bibliste Marie-Laure Durand nous invite dans son nouvel ouvrage à un voyage inédit : une aventure spirituelle vers nos cachettes intérieures, ces lieux au plus profond de nos âmes qui nous servent de refuge quand nous souhaitons nous terrer plutôt que de faire face. En demandant à Adam, caché parmi les arbres pour ne pas montrer sa nudité, « Où es-tu ? », Dieu propose, comme à chacun d'entre nous, une porte de sortie, d'autres possibilités d'exister.

### Des femmes en quête de Dieu
Découverte des Mères du désert

*E. Billoteau, Salvator, 192 p.*

Si les Pères du désert sont bien connus, sait-on qu'il existe aussi les Mères du désert ? Emmanuelle Billoteau propose de voir comment elles ont frayé leur chemin dans un univers à dominante masculine. Leur parole et leur mode de vie peuvent nous parler spirituellement, aider à réfléchir sur la place des femmes dans l'Église et nous faire comprendre un peu mieux le poids des préjugés.

### Sagesse cachée des monastères
10 rencontres au parfum d'éternité

*S. Pruvot, M. de Varax, G. Rivière, Mame, 128 p.*

Deux journalistes de *Famille chrétienne* et un photographe ont sillonné la France à la recherche des sagesses des monastères. Dix moines et moniales d'un âge vénérable leur ont confié les perles de leur expérience spirituelle. Ces entretiens d'une grande profondeur révèlent un bonheur qui ne passe pas, ils sont illustrés par des photographies où affleure l'invisible. ■ **J.-B. Deau**

## EXPOSITION

### Protège-moi !

Croyances, rites et objets de protection

Comment se rassurer face aux dangers et à la mort ? Dans une approche transversale, d'époques et de cultures différentes, le musée d'Art sacré du Gard, situé au sein d'une demeure médiévale, explore ses collections autour des croyances, des rites et des objets de protection auxquels l'être humain a recours face aux dangers de la vie et aux périls de l'au-delà. Si la plupart des œuvres exposées sont issues de la chrétienté, d'autres cultures – égyptienne, éthiopienne, balinaise… – sont également présentes. ■

**Hélène Roquejoffre,** *Le Monde de La Bible*

*Vierge de batellerie*, XIXe siècle, France.

Jusqu'au 10 mars 2024 – Entrée gratuite – Musée d'Art sacré du Gard, 2, rue Saint-Jacques 30130 Pont-Saint-Esprit



## NOS ACTUS

### Prier l'Immaculée avec le pape François

Chaque année à Rome, comme le veut la tradition, le pape François écrit une prière pour rendre hommage à la Sainte Vierge le 8 décembre, à l'occasion de la fête de l'Immaculée Conception. Découvrez l'intégralité de ces prières et priez Marie avec François grâce à ce recueil, conçu spécialement pour vivre l'année de la prière 2024. ■

**Amandine Boivin**

Disponible au prix de 5,50 € sur : librairie-bayard.com ainsi qu'en librairie.

## CD

### Peuple de champions

Des artistes chrétiens chantent les valeurs du sport

*ADF Musique*

En vue de Paris 2024, voici des chants qui parlent du sport comme d'un lieu privilégié pour se connaître soi-même et rencontrer les autres. Un album qui rejoint la foi olympique et qui rappelle que, dans la course de la vie, premiers et derniers méritent autant de considération.

### Offices de Pâques

*Sœur Agathe,*
*ADF Musique*

Sœur Agathe propose une mise en œuvre des différents offices de Pâques (Exultet, laudes, vêpres et complies). Grâce aux mélodies simples et belles, les assemblées paroissiales pourront facilement chanter hymnes et psaumes et entrer dans les offices de ce grand jour.

**Dominique Pierre,**
rédacteur en chef délégué

## NUMÉRIQUE

### Priez sans cesse ?

Le pape François a souhaité que l'année 2024 soit consacrée à la prière. Le Carême est le moment idéal pour réfléchir à notre rapport à la pratique de la prière. Celle-ci est parfois simple, mais souvent difficile à maintenir sur le long terme. Pendant quarante jours, grâce à notre parcours de Carême sur le site et l'application, découvrez qu'il est possible de « prier sans cesse ! » ou… presque. ■

**Sébastien Antoni**

Disponible sur l'App Store et Google Play

# AGENDA

Informations communiquées sous réserve de modifications.

## Grand Nord-Ouest

### LA CHAPELLE-MONTLIGEON (61)

**DU MERCREDI 7 AU VENDREDI 9**

**Retraite**

« Je me prépare à la mort. » Trois jours au sanctuaire de Montligeon, pour trouver les mots pour parler de la mort et envisager l'éternité.
02 33 85 17 00
www.montligeon.org

### LE MANS (72)

**VENDREDI 16**

**Chemin de croix**

Chaque vendredi de Carême, rendez-vous à 17 h 30 en l'église Saint-Martin pour vivre un chemin de croix avec la pastorale des migrants.
www.sarthecatholique.fr

### BAINS-SUR-OUST (35)

**DU DIMANCHE 18 AU SAMEDI 24**

**Retraite**

« Renoncer à soi, se donner à Jésus », avec Benoît Sevenier, eudiste. Au début du Carême, vivre un moment de conversion et revenir à l'essentiel, à la maison d'accueil et de spiritualité de La Roche du Theil.
02 99 71 11 46
www.larochedutheil.com

## Grand Nord-Est

### LILLE (59)

**DU VENDREDI 16 AU DIMANCHE 18**

**Week-end au couvent**

« Toi aussi, fais de même ! » (Lc 10, 37). Partager l'expérience de l'autre pour devenir comme le Christ, avec le frère Raphaël de Bouillé, au couvent des Dominicains. Au programme : quatre enseignements, prière avec la communauté, repas en silence samedi.
weekend.retraitedanslaville.org

### JOIGNY (89)

**ENTRE VENDREDI 16 ET SAMEDI 24**

**Retraite**

Une retraite à la carte au Centre spirituel Sophie-Barat. La retraite commence pour tous le vendredi 16. Chacun détermine sa durée, jusqu'à une semaine.
03 86 92 16 40
centre-sophie-barat.com

### PARAY-LE-MONIAL (71)

**MERCREDI 28**

**Concours photo**

Dans le cadre du jubilé •••

… pour les 350 ans des apparitions du Sacré Cœur de Jésus à Paray-le-Monial, le sanctuaire du Sacré-Cœur lance un concours photo sur le thème du jubilé : « Rendre amour pour amour ». Ce concours doit permettre aux habitants et aux pèlerins de partager leur vision du sanctuaire à travers une photographie d'un de ses sites emblématiques. Le concours est ouvert jusqu'au 28 février 2025.
sacrecoeur-paray.org

## Grand Sud-Ouest

### BORDEAUX (33)

**VENDREDI 2 ET SAMEDI 3**

**Session**

« L'Évangile selon saint Marc », par le père Christophe Lafaye, à l'Institut Pey Berland. Au programme : étude de la dynamique de cet Évangile, de ses particularités et de sa structure.
05 57 81 74 96
secretariat@institutpeyberland.fr
www.institutpeyberland.fr

### SAINT-VINCENT-DE-PAUL (40)

**SAMEDI 3**

**Formation**

« Musique et liturgie : retrouver le sens du dimanche à partir de la célébration pascale », organisée par le service de la pastorale liturgique et sacramentelle du diocèse d'Aire-et-Dax. Ouverte à tous les musiciens et acteurs en liturgie.
lydie-andree.laborde@orange.fr
diocese40.fr

### PAU (64)

**VENDREDI 9**

**Conférence**

« La mémoire chrétienne, un gage d'avenir. Réflexion d'un historien », par le frère Dominique-Marie Dauzet, docteur en histoire des religions. À 20 heures en l'église Saint-Paul.
05 59 02 63 14
foicult64@gmail.com
foietculture64.fr

## Grand Sud-Est

### FRANCHEVILLE (69)

**DU VENDREDI 9 AU DIMANCHE 11**

**Halte spirituelle**

« Se laisser habiter par la Parole », avec Marie-Anne Dussaut, au centre spirituel Le Châtelard. Cœur,

corps, esprit : tout l'être se mobilise pour accueillir les Écritures.
04 72 16 22 33
accueil@chatelard-sj.org
www.chatelard-sj.org

SAINT-DIDIER (84)

**SAMEDI 17**

**Une journée pour Dieu**

« Qu'est-ce que le Seigneur donne dans la prière ? », animée par le père Claude Sarrasin, prêtre de l'Institut Notre-Dame-de-Vie.
06 08 82 83 27
centrespirituel@notredamedevie.org
www.notredamedevie.org

LES HOUCHES (74)

**DU LUNDI 19 AU DIMANCHE 25**

**Retraite**

« "Venez et voyez !" •••

ZOOM

**Neuvaine à Notre-Dame de Lourdes**

« Venez ici en procession » : c'est le thème de la neuvaine qui aura lieu du 3 au 11 février pour préparer la fête de Notre-Dame de Lourdes, mais aussi le Pèlerinage national. « La vente des signets avec la prière de la neuvaine couvrira une partie des frais engagés pour que des personnes malades ou porteuses d'un handicap viennent à Lourdes l'été prochain, explique Sébastien Antoni, prêtre assomptionniste et directeur du Pèlerinage national. Cette neuvaine résonne avec la proposition pastorale du sanctuaire pour 2024 : "Que l'on vienne en procession." Un beau thème pour inviter le plus grand nombre à répondre à l'appel de Marie cet été ! » Le National se tiendra du 12 au 16 août 2024. *Prions en Église* est partenaire de la neuvaine, avec le Pèlerinage national et l'association Notre-Dame de Salut. Pour s'y associer, on peut lire chaque jour la prière, puis dire un Notre Père, dix Je vous salue Marie et un Gloire au Père. ■ **Frédéric Pascal**

Vous pouvez commander les signets sur le site pelerinage-national.org ou à Notre Dame de Salut, 63 avenue Denfert-Rochereau 75014 Paris Tél. : 01 58 36 08 75

... (Jn 1, 39) – Sur les traces de l'Agneau », avec le père Jean-François Hüe, au Foyer de charité La Flatière.
04 50 55 50 13
retraite@flatiere.org
flatiere.org

## Île-de-France

### SAINT-PRIX (95)

**MARDI 13**

**Soirée**

« Saint Valentin Autrement », à 20 heures à Massabielle.
Pour tous les couples, mariés ou non, dîner en tête à tête pour un moment de qualité et de dialogue conjugal.
Le dîner est précédé d'une messe à 19 heures pour ceux qui le souhaitent.
01 34 16 09 10
accueil@massabielle.net
www.massabielle.net

### AVON (77)

**DU VENDREDI 23 AU DIMANCHE 25**

**Week-end**

« "Imprègne-moi de ta Miséricorde, je suis vivant" (Ps 118, 77) », avec le frère Denis-Marie Ghesquières, au centre spirituel des Carmes d'Avon, à l'école des figures carmélitaines.
01 60 72 28 45
www.centrespirituel-avon.org

## France

**MERCREDIS 7, 14 ET 21**

**Formation à distance**

« Quelle Église pour demain ? Regards sociologiques sur l'Église catholique », avec Jean-François Meuriot, Arnaud Join-Lambert, Denis Pelletier et Innocent Maganya Halerimana, de 18 heures à 20 heures. Une formation sur trois soirées proposée par l'Institut de sciences et théologie des religions de Marseille.
04 91 50 35 02
icm.catholique.fr

**ENVOYEZ VOS RENDEZ-VOUS À L'AGENDA DE PRIONS EN ÉGLISE :** Merci d'envoyer les informations nécessaires 3 mois avant l'événement, sans engagement de publication par la rédaction, à : *Prions en Église*, Agenda, 18 rue Barbès, 92120 Montrouge, ou par e-mail : *prionseneglise@groupebayard.com*

**PrionsenÉglise** 18, rue Barbès,
www.prionseneglise.fr 92128 Montrouge Cedex.

▶ **POUR CONTACTER LE SERVICE CLIENT : 01 74 31 15 01** – service.client@groupebayard.com
(Préciser : nom + adresse postale + « concerne Prions en Église ».)

▶ **POUR VOUS ABONNER : 01 74 31 15 01** – www.librairie-bayard.com
Bayard, Prions en Église, TSA 60007, 59714 Lille Cedex 9

▶ **POUR CONTACTER LA RÉDACTION : 01 74 31 63 24** – prionseneglise@groupebayard.com

Directeur de la publication : Pascal Ruffenach. Directeur du secteur et directeur des rédactions : Jean-Pierre Denis. Rédaction : Karem Bustica (rédactrice en chef), Dominique Pierre (rédacteur en chef délégué), Pomme Mignon (rédactrice en chef adjointe visuel, directrice artistique), Frédéric Pascal (rédacteur en chef adjoint), Armelle Gabriel (assistante), Nicolas Crouzier (secrétaire général de la rédaction), Jean-Baptiste Deau, Cécile Toussaint (1ers secrétaires de rédaction), Véronique Jollé (secrétaire de rédaction), Laurent Sangpo, Pascal Redoutey (rédacteurs graphistes), Ania Biszewska (rédactrice photo), Sébastien Antoni (chef de grande rubrique), Anne-Quitterie Jozeau (rédactrice), Agnès Thépot (relations lecteurs). Ont participé : Michèle Clavier, Thibault Van Den Driessche. Marketing éditeur et développement : Amandine Boivin. Marketing diffusion et abonnement : Aurore Bertrand (directrice), Sandrine Dos Santos (chef de marché). Direction des terrains catholiques : Cédric Bloquet (directeur). Voyages lecteurs : Corinne Miguel. Contrôle de gestion : Tonnumy Ai. Fabrication : Grégory Cervantes. Impression : Maury SAS, Z.I. Route d'Étampes, 45330 Malesherbes. Textes liturgiques : © AELF. Chants : © Éditeurs. © Bayard et Novalis. Reproduction interdite sans autorisation. *Prions en Église* est édité par Bayard, société anonyme à Directoire et Conseil de Surveillance au capital de 16 500 000 €. Actionnaires : Augustins de l'Assomption (93,7 % du capital), SA Saint-Loup, Association Notre-Dame de Salut. Directoire : Pascal Ruffenach (président), Dominique Greiner, Florence Guémy et Jean-Marie Montel (directeurs généraux). Président du Conseil de Surveillance : Hubert Chicou. Dépot légal à parution. CPPAP : 0425K86471 - ISSN : 0383-8285. Belgique et Luxembourg : Bayard Presse Bénélux, Da Vincilaan, 1 – 1930 Zaventem. Tél. : 0800 250 38 (de Belgique, gratuit) ou 800 29 195 (du Luxembourg). Web marché chrétien : librairie-bayard.com. Suisse : Asendia Press Edigroup SA, Chemin du Château-Bloch 10, 1219 Le Lignon. Tél. : 00 41 22 860 84 02. Mail : abobayard@edigroup.ch

***Ce numéro comporte :***
***Sur la totalité de la diffusion : encart broché "Prions en Église" ; encart posé "Prions en Église Junior" ; encart jeté "Prions en Église". Sur une partie de la diffusion : encart posé "Bayard presse" offre d'abonnement ; relance posée "Prions en Église" offre d'abonnement.***

PEFC
10-31-1282
Certifié PEFC
Ce produit est issu de forêts gérées durablement et de sources contrôlées.
pefc-france.org

IMPRIM'VERT

***Prions en Église* agit pour l'environnement**
Origine du papier : Suède. Taux de fibres recyclées : 0.28 %. Origine des fibres : papier issu de forêts gérées durablement.
Impact sur l'eau : PTOT 0,007 kg/T

FR

# Bulletin d'abonnement

GRELHS0123

## OUI, je m'abonne à *Prions en Église*

**ÉDITION POCHE** (13 x 11,9 cm) - PRI

- ☐ **1 an** (12 n^os) ........ **45 €**
- ☐ **2 ans** (24 n^os) ........ **80 €**
- ☐ **Étudiant** 1 an ........ **29,95 €***

**ÉDITION GRAND FORMAT** (16 x 14,6 cm) - PRI

- ☐ **1 an** (12 n^os) ........ **52 €**
- ☐ **2 ans** (24 n^os) ........ **90 €**

**+ EN CADEAU :**
**le hors-série *Prier l'Immaculée avec le pape François***

**PAR COURRIER** Renvoyez ce bulletin accompagné de votre chèque payable en France libellé à l'ordre de « Bayard » à l'adresse suivante : **Bayard - TSA 40020 - 93539 Aubervilliers CEDEX**

**PAR INTERNET** sur **librairie-bayard.com/abopri**

**COORDONNÉES** ☐ M^me ☐ M. Prénom

Nom A177387

Complément d'adresse (résid./Esc./Bât.)

N° et voie (rue/Av./Bd...)

Code postal Ville

Pays Date de naissance J J M M A A A A

Tél. E-mail

Pour recevoir la confirmation de votre abonnement et notre newsletter quotidienne

**RENSEIGNEMENTS POUR LES ABONNEMENTS HORS FRANCE MÉTROPOLITAINE**

| | | DOM-TOM & UE | AUTRES PAYS | BELGIQUE | SUISSE |
|---|---|---|---|---|---|
| Téléphone | | (33) 174 311 501 | | 0800/250 38** | (022) 860 84 02 |
| POCHE | 1 an | 48 € | 54 € | Renseignez-vous sur les tarifs et abonnez-vous par téléphone | |
| | 2 ans | 86 € | 98 € | | |
| GRAND FORMAT | 1 an | 55 € | 61 € | | |
| | 2 ans | 96 € | 108 € | | |

*Uniquement en France métropolitaine. Cette offre ne contient pas de cadeau. Joindre une photocopie de la carte d'étudiant.

**Appel gratuit